converted
CHURCHES

© 2007 Tectum Publishers
Godefriduskaai 22
Antwerp, Belgium
info@tectum.be
www.tectum.be
+32 3 226 66 73
ISBN: 978-90-76886-44-2
WD: 2007/9021/8 (39)

Editor in chief: Inma Alavedra
Editor and text: Eva Marín
Editorial assistant: Jessica King
Design: S. García
Introduction text: Pau Faus
English translation: Heather Bagott
French translation: Henri Castagne
Dutch translation: Textcase
Photo cover: Etienne van Sloun
Editorial project:
Vertigo Publishers - UDYAT S.L.
Viladomat 158-160 int.
08015 Barcelona - Spain
Tel. +34 933 631 068
Fax. +34 934 522 544
www.vertigopublishers.com
info@vertigopublishers.com

Printed in UE by Ferré Olsina

converted CHURCHES

TECTUM
PUBLISHERS

converted
CHURCHES

index

converted
CHURCHES

It is never easy to dissociate a religious building from its original use. Removing it from its symbolic meaning is somewhat unnatural and leaves behind a mere shell. Changes in society over the past few decades, however, have led to the clearing out of these buildings as well as giving impetus to the understanding that they should remain intact either for their historic legacy and/or architectural value. The restructuring of these buildings is therefore as inevitable as it is desirable. It is important to recall that the town is and has always been the result of an accumulation of strati which, layered on top of each other over time, have shaped and adapted themselves to the new demands of each one of its historic monuments. Consequently, the transformation of its buildings should not be seen in a negative light but rather as intrinsic to the growth and evolution of every town.

Ever since the most ancient civilisations, religious architecture has been one of the main testaments bequeathed to us by past generations. Their constructive consistence and the symbolic value of their shapes have allowed us to study and endeavour to understand the period they represented. It is important to remember that up until only a few centuries ago, in the height of the Gothic period, cathedrals represented the springboard of formal and technical advances in the society of the moment, symbolising more than anything else the challenge and victory of man over natural and supernatural laws. Consequently, when speaking of religious architecture, it generally relates to architecture based on great structural and formal symbolism. It is therefore not surprising that many of these buildings have survived until today. Some of them lack the symbolism of their origins but are nonetheless equally interesting in regard to architectural heritage. The legacy that these monuments from the past confer is immense and even more so when considering the great craftsmanship carried out in the interior which represented a whole system of understanding, not just of architecture, but of life itself.

To draw on this legacy and to respect it is the aim of every architect and interior designer faced with the conversion of any type of old building which is to be used for a new purpose. The task is truly exciting since modifying the original use of a building for a new one is always about rediscovering this new type of use. Differing from completely new buildings which start with a blank sheet or empty plot on the first day, here the starting point is a pre-existing building. On one hand, the project needs to take into consideration the implications of the inflexibility of these types of buildings and adapt itself to a structure and size which are to a certain point unalterable. On the other hand, along with inflexibility, there also lies a unique freedom when designing which, once the conversion process is over, allows one to experiment with transformation, for example from a church to a loft or from a convent to a cultural centre. By doing so, the archetypical idea of what a dwelling or cultural centre actually is will have been reinterpreted and even rediscovered. Thus, far from adhering to the standardisation and the "clean slate" which today is rife in contemporary architecture, the ability to reinterpret the architectural prototypes, either by designing them or living in them, is highly enriching.

This book offers a closer look at the phenomena of the reutilisation of buildings, specifically those of religious origins. It is true that these buildings have been witness to the logical recycling of spaces; however, it is no less true that often the transformations of these highly symbolic places imply great challenges, speaking formally and morally. This book sets out to explore these interesting challenges. In today's social context where ecological awareness is rising, renovation projects, such as those presented in this book, need to be well documented. If we also consider the courage involved in facing the formal and moral challenges of understanding how to preserve an existing building by adding a new symbolism to its original symbolism, the result is praiseworthy indeed.

I n'est jamais facile de dissocier un bâtiment religieux de sa fonction d'origine. Le priver de sa signification symbolique ne va pas de soi, et donne l'impression de laisser une simple carcasse vide. Les changements de nos sociétés nous ont cependant amené à vider ces bâtiments, tout en déclenchant une prise de conscience sur la nécessité de les conserver en raison de l'héritage historique qu'ils représentent, et/ou de leur valeur architecturale. La restructuration de ces bâtiments est donc aussi inévitable que souhaitable. Il faut rappeler que la ville est et a toujours été le résultat d'une accumulation de strates qui, superposées les unes sur les autres, ont façonné et adapté aux nouvelles demandes sociales chacun de leurs monuments historiques. Par conséquent, la transformation de ces bâtiments ne doit pas être perçue comme quelque chose de négatif, mais plutôt comme un phénomène inhérent à la croissance et l'évolution de toute ville.

Dès les plus anciennes civilisations, l'architecture religieuse a été l'un des principaux témoignages que nous ont légués les générations passées. Leur cohérence construite, ainsi que leur valeur symbolique nous ont permis d'étudier et de tenter de comprendre la période qu'ils représentent. Il est important de rappeler qu'il y a seulement quelques siècles, à l'apogée de l'art Gothique, la construction des cathédrales étaient le moteur des avancées formelles et techniques de la société de l'époque, ces cathédrales symbolisant plus que toute autre chose le défi et la victoire de l'homme sur les lois naturelles et surnaturelles. Par conséquent, lorsque l'on parle d'architecture religieuse, on se réfère généralement à une architecture basée sur un grand symbolisme formel et structural. Il est donc peu surprenant qu'un grand nombre de ces bâtiments aient survécu jusqu'à nos jours. Certains n'ont plus la dimension symbolique de leurs origines, mais restent également intéressants au regard du patrimoine architectural qu'ils représentent. L'héritage que ces bâtiments du passé nous transmettent est immense, et même davantage si l'on considère que le grand savoir-faire déployé à l'intérieur de ceux-ci représente un système de conception global, non seulement de l'architecture, mais de la vie elle-même.

Se servir de cet héritage tout en le respectant est le but de tout architecte ou architecte d'intérieur qui se retrouve face à la reconversion d'un bâtiment ancien dont la fonction va être changée. Cette tâche est vraiment passionnante puisque modifier la fonction d'origine d'un bâtiment pour y instaurer un nouvel usage, signifie toujours redécouvrir ces nouveaux usages. Cela diffère du travail avec les bâtiments nouveaux qui commence par une feuille blanche ou un terrain vide le premier jour, ici le point de départ est un bâtiment préexistant. D'une part, le projet doit prendre en considération ce qu'implique la rigidité structurelle de ces types de bâtiments, c'est-à-dire s'adapter à une structure et une taille qui sont, jusqu'à un certain point, inaltérables. D'autre part, cette inflexibilité s'accompagne d'une liberté unique au moment de la conception puisque, une fois le processus de reconversion enclenché, cela permet d'expérimenter différents types de transformation, par exemple une église en loft, ou un couvent en centre culturel. De cette manière, l'archétype de ce qu'est un logement ou un centre culturel, aura été réinterprété et même redécouvert. Donc, loin d'adhérer à la standardisation et au concept de « table rase » si répandus aujourd'hui dans l'architecture contemporaine, la capacité de réinterpréter les archétypes architecturaux, soit en les concevant, soit en y vivant, est grandement enrichissante.

Ce livre offre un regard plus précis sur les phénomènes de réutilisation de bâtiments anciens, particulièrement ceux possédant des origines religieuses. Il est vrai que ces bâtiments ont été les témoins de la reconversion logique des espaces ; cependant, il n'en est pas moins vrai que, souvent, les transformations de ces lieux hautement symboliques ont impliqué de grands défis, formels autant que moraux. Cet ouvrage tente d'explorer ces défis passionnants. Dans le contexte social actuel où la conscience environnementale grandit, les projets de rénovation, comme ceux présentés dans ce livre, doivent être bien documentés. Si l'on prend aussi en compte le courage pour affronter les défis formels et moraux nécessaires pour savoir comment préserver un bâtiment existant en y ajoutant un symbolisme nouveau à son symbolisme d'origine, les résultats sont en effet dignes d'éloges.

Het is niet eenvoudig om een gebouw los van zijn oorspronkelijke context te bekijken. Zonder symboliek krijgt een gebouw iets onnatuurlijks en blijft er eigenlijk alleen een omhulsel over. Toch hebben veranderingen in de maatschappij van de afgelopen decennia er aan de ene kant voor gezorgd dat deze gebouwen dat deze gebouwen leeggemaakt zijn, aan de andere kant maakten deze veranderingen ons ervan bewust dat de gebouwen intact moeten blijven in het belang van hun historische nalatenschap en/of hun architectonische waarde. De herstructurering van deze gebouwen is even onvermijdelijk als wenselijk. Het is belangrijk om te onthouden dat een stad bestaat uit een opeenstapeling van lagen die zich gedurende de geschiedenis hebben aangepast aan de steeds veranderende eisen van historische monumenten. De transformatie van gebouwen moet niet als iets negatiefs worden beschouwd, maar als een wezenlijk onderdeel van de groei en ontwikkeling van elke stad.

Al sinds de oudste beschavingen behoort religieuze architectuur tot de voornaamste getuigenissen die ons zijn nagelaten door vorige generaties. Hun bouwkundige samenhang en de symbolische waarde van hun vormen hebben ons geholpen om hun plaats in de geschiedenis te begrijpen. Tot een paar eeuwen geleden, toen de gotiek op haar hoogtepunt was, waren kathedralen representatief voor de bouwkundige en technische vooruitgang. Ze waren bovenal een symbool van de uitdaging en overwinning van de mens op de natuur en de bovennatuurlijk wetten. Religieuze architectuur is dus meestal architectuur die gebaseerd is op grootse bouwkundige en vormtechnische symboliek. Het is niet verwonderlijk dat deze gebouwen nog steeds overeind staan. Bij sommige ontbreekt de symboliek die verwijst naar hun oorsprong, maar deze gebouwen zijn even interessant vanuit het perspectief van architectonisch erfgoed. De nalatenschap van deze monumenten is immens en wordt alleen maar groter als je bedenkt dat het vakmanschap dat van het interieur afstraalt van enorme kennis getuigt. Niet alleen van architectuur, maar ook van het leven zelf.

Het is het doel van iedere architect en interieurontwerper om deze nalatenschap te respecteren wanneer een oud gebouw moet worden aangepast aan zijn nieuwe bestemming. Dit is een spannende taak, want door het aanpassen van het oorspronkelijke gebruik van het gebouw, moet ook de eigenlijke betekenis van de nieuwe bestemming herontdekt worden. Anders dan bij een nieuw gebouw, dat op de eerste dag begint met een leeg vel en een leeg terrein, wordt hier begonnen met een reeds bestaand gebouw. Enerzijds moet het project rekening houden met de gevolgen die zulke onflexibele gebouwen met zich meebrengen, en zich aanpassen aan de structuur en de afmetingen die min of meer vaststaan. Anderzijds herbergt een dergelijk project een scala aan mogelijkheden, waarmee na een verbouwing vrij geëxperimenteerd kan worden, zoals een kerk veranderen in een appartementencomplex of van een klooster een cultureel centrum maken. Tijdens dit proces wordt het archetypische beeld van wat een woning of cultureel centrum is opnieuw bekeken en ontdekt. Dus in plaats van vast te houden aan de normen en de 'schone lei' die tegenwoordig gemeengoed zijn, is het een verrijking om architectonische prototypen te herinterpreteren door deze te ontwerpen of door er gebruik van te maken.

Dit boek geeft een betere kijk op het fenomeen hergebruik van gebouwen, in het bijzonder van gebouwen met een religieuze oorsprong. Deze gebouwen zijn getuigen geweest van het vanzelfsprekende recyclen van ruimtes. Het is niet minder waar dat deze transformaties vaak grote uitdagingen met zich meebrengen, zowel in bouwkundig als moreel opzicht. Dit boek beschrijft deze interessante uitdagingen. Vandaag de dag, nu de zorg om het milieu toeneemt, moeten renovatieprojecten zoals die in dit boek worden beschreven goed worden gedocumenteerd. Als we zien hoeveel moed er vereist is om de bouwkundige en morele uitdagingen aan te gaan om te begrijpen hoe een bestaand gebouw behouden kan blijven door nieuwe symboliek aan de oude toe te voegen, is het resultaat zeker lovenswaardig.

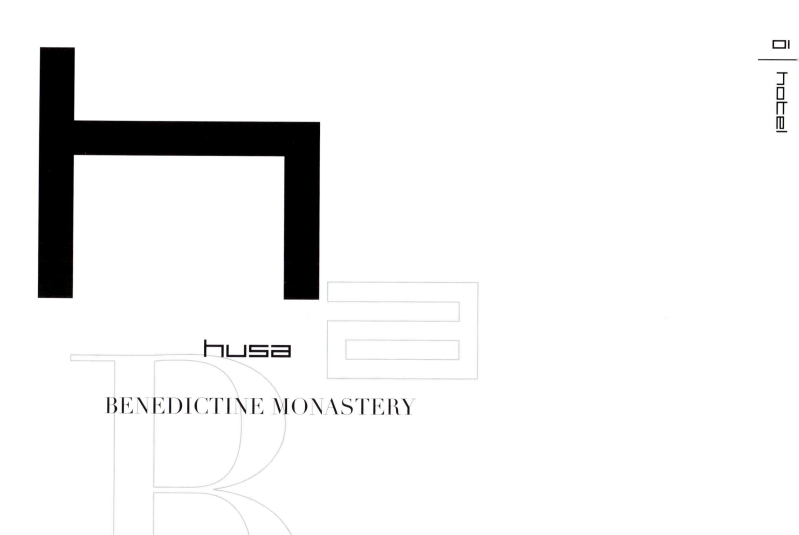

husa

BENEDICTINE MONASTERY

Architect: Gonzalo Urbizu
Location: Calatayud, Spain

Built in the 17th century and formerly housed by Benedictine monks, the Baroque style Hotel Husa Monasterio Benedictino is today a restored work of stone, brick and ashlars.
In the 14th century a larger Mudéjar temple was built alongside - of which the presbytery has been preserved. The Gothic style triple arched entrance hall dates back to the 16th century. In the 17th century it was completely reformed and the Mudéjar groin vaulted ceilings were replaced by moon crescent shaped ones and an impressive dome – all of which is adorned with traditional Mudéjar Baroque plasterwork.

Monastère bénédictin, construit au XVIIème siècle, l'Hôtel « Husa Monasterio Benedictino » de style baroque est aujourd'hui une oeuvre restaurée en briques et pierres de taille. Au XIVème siècle fut construit en annexe un temple de style Mudéjar ne conservant aujourd'hui que le presbytère. L'entrée de style gothique avec ses trois arches date du XVIème siècle. Au XVIIème siècle, le monastère fut complètement réformé, les plafonds de style Mudéjar en voûte d'arrête furent remplacés par d'autres aux voûtes en forme de croissant de lune et un impressionnant dôme, tous entièrement ornés de décorations baroques en stuc propres au style Mudéjar.

Gebouwd in de zeventiende eeuw en vroeger bewoond door de benedictijner monniken, is het barokke Husa Monasterio Benedictino Hotel vandaag de dag een gerestaureerd meesterwerk van steen, bakstenen en natuursteen. In de veertiende eeuw werd er naast het klooster een grotere Mudéjar tempel gebouwd waarvan de pastorie bewaard is gebleven. De inkomhall met zijn drievoudige gotische boog dateert uit de zestiende eeuw. In de zeventiende eeuw is het totaal verbouwd en zijn de ribgebogen plafonds vervangen door halvemaanvormige plafonds en een zeer indrukwekkende koepel – alles is afgewerkt met het traditionele Mudéjar barok pleisterwerk.

Recently the remains of an 8th century Protogothic church were discovered and today they are preserved as part of the main lounge.

Les vestiges d'une église protogothique du VIIIème siècle découverts il y a peu de temps font partie aujourd'hui du salon principal, conservant leur caractère monumental.

Niet lang geleden werden de overblijfselen van een pre-gotische kerk uit de achtste eeuw ontdekt; nu maken ze deel uit van de hoofdlounge.

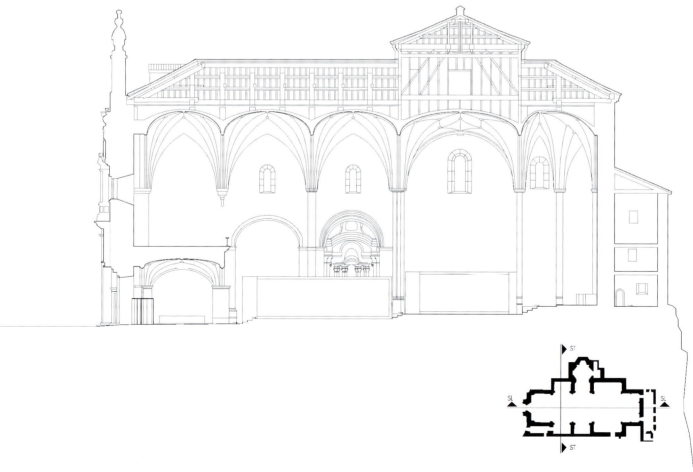

kruisherenhotel maastricht

CHURCH

Architect: Camille Oostwegel

Location: Maastricht, Netherlands

This large complex of buildings served as a monastery and church for the Order of Crutched Friars (1438). Early last century, Victor de Stuers, Esquire and the architect Cuypers took pity on the complex of buildings, which had fallen into a state of disrepair. Following major renovations, the buildings were put to use as a National Agricultural Research Station. In 1981, the complex was empty once more, and it quickly became run down. Late in 2000, Camille Oostwegel took the initiative to save this unique building from ruin. Large-scale renovations were set in motion and the building was transformed into a luxurious, contemporary designer hotel, retaining respect for the past.

Ce vaste complexe de bâtiments servait de monastère et d'église à l'Ordre des « Crutched Friars » (1438). Au début du siècle dernier, Mr Victor de Stuers et l'architecte Cuypers s'émurent du sort de ces bâtiments qui tombaient en ruine. Après de grandes rénovations, les bâtiments furent utilisés pour accueillir un Centre National de Recherche Agricole. En 1981, le complexe se retrouva à nouveau vide et retomba rapidement dans un état de délabrement avancé. À la fin de l'année 2000, Camille Oostwegel décida de sauver de la ruine ces édifices uniques. Une rénovation de grande envergure fut lancée et les bâtiments furent transformés en un hôtel luxueux, au design moderne, mais respectueux du passé.

Dit grote gebouwencomplex was voorheen een klooster en kerk van de orde van het Heilige Kruis (1438). Begin vorige eeuw namen Victor de Stuers en architect Cuypers het behoorlijk vervallen complex onder hun hoede. Na ingrijpende verbouwingen werd het gebruikt als Rijkslandbowwproefstation. In 1981 was het complex wederom leeg en al snel raakte het in verval. In 2000 nam Camille Oostwegel het initiatief om het complex te redden. Het werd grondig verbouwd tot een luxueus eigentijds hotel, met respect voor het verleden.

The church has been transformed into a public area with three lounges, a reception, library, three small boardrooms and a wine bar.

L'église fut transformée en un espace public doté de trois salons, d'une réception, d'une bibliothèque, de trois petites salles de réunion et d'un bar à vins.

De kerk is veranderd in een hotel met drie loungeruimtes, een receptie, bibliotheek, drie kleine vergaderruimten en een wijnbar.

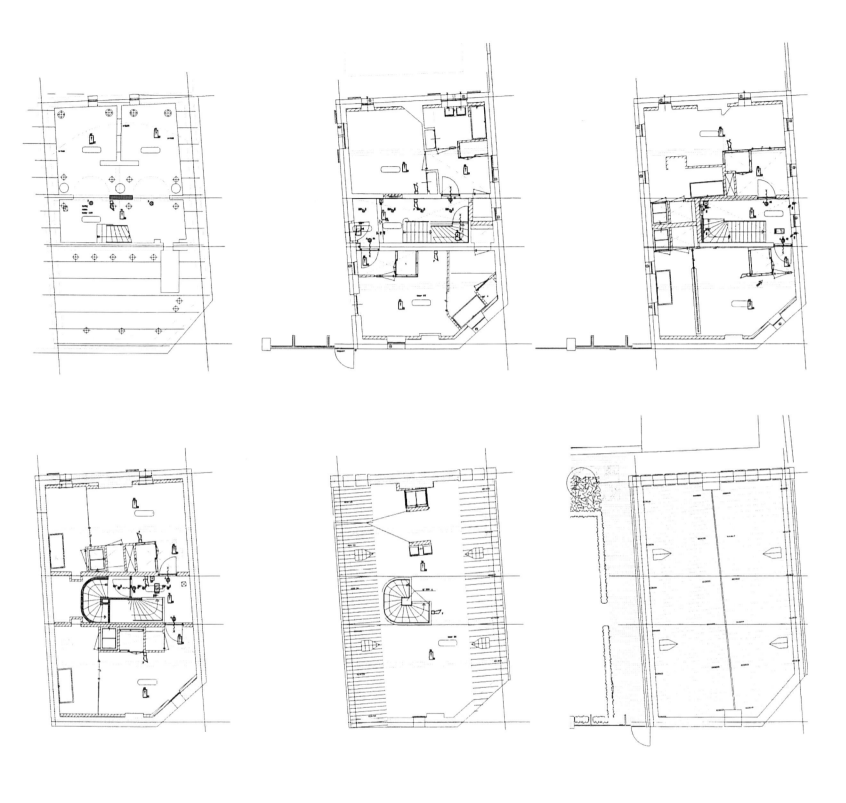

A beautifully renovated Gothic monastery in the centre of Maastricht complete with a church is the spectacular stage for an unusally stylish hotel.

Ce beau monastère gothique et son église, en plein cœur de Maastricht ont été rénovés et constituent désormais le décor spectaculaire d'un hôtel élégant et inhabituel.

Een prachtig gerenoveerd gotisch klooster met een kerk in het centrum van Maastricht is het spectaculaire decor van een bijzonder stijlvol hotel.

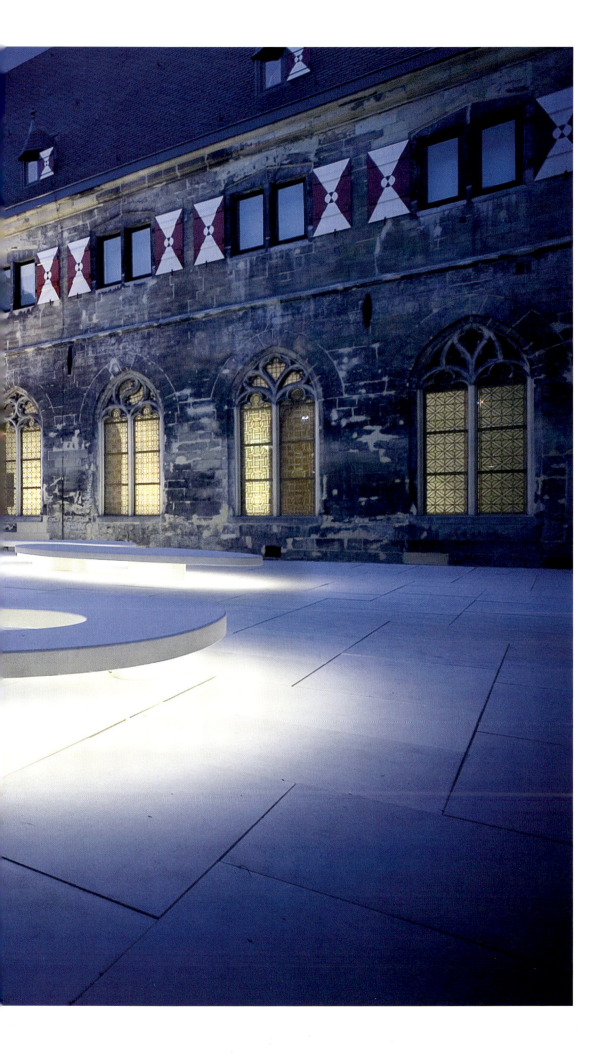

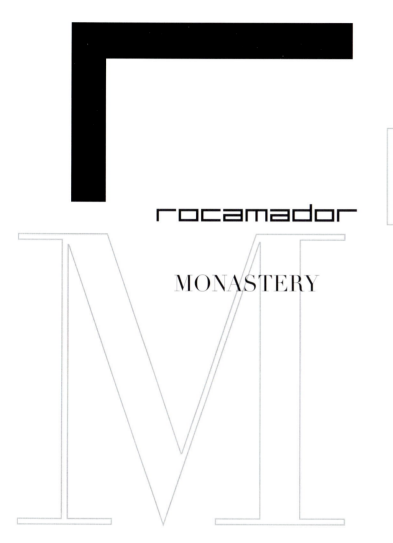

rocamador

MONASTERY

Architect: Carmen Cienfuegos

Interior Design: Lucía Bosé Dominguín, Carlos Tristancho

Location: Almendral (Badajoz), Spain

Rocamdor Monastery was constructed in 1512 and belonged to the Franciscan order. It is located in idyllic surroundings on a natural terrace between the mountains of Monsalud and the meadowlands of Extremadura. The restoration has seen the old buildings transformed into thirty comfortable double bedrooms, while preserving the existing structure. These rooms once housed the kitchen, the reading room, the library, and also served as bedrooms for the monks. The cloisters, covered balcony and large chapel with mural paintings of the vaulted ceiling are the highlights of the dining room.

Le Monastère franciscain de Rocamador fut construit en 1512. Il est situé dans un environnement idyllique, sur une terrasse naturelle entre les montagnes de Monsalud et les prairies d'Extremadura. Grâce à la restaurantion, les anciens bâtiments sont été transformés en trente chambres doubles très confortables tout en préservant la structure existante. Ces chambres abritaient autrefois la cuisine, la salle de lecture, la bibliothèque, et servaient également de chambres aux moines. Les cloîtres, le balcon ouvert, la grande chapelle aux fresques murales qui recouvrent les plafonds voûtés sont les éléments les plus marquants de la salle de restaurant.

Het Rocomador klooster is gebouwd in 1512 en werd beheerd door de franciscaner orde. Het is gelegen in een idyllische omgeving – op een natuurlijk terras tussen de bergen van Monsalud en de dalen van Extremadura. De restauratie heeft de oude gebouwen getransformeerd tot dertig comfortabele dubbele slaapkamers; toch is de natuurlijke vorm van het gebouw intact gebleven. Ooit hebben deze kamers voor de monniken de keuken, de leeszaal, de bibliotheek, en zelfs slaapkamers geherbergd. De kloostergangen, het overdekte balkon en de grote kapel met muurschilderingen zijn de hoogtepunten van de eetzaal.

Some of the rooms boast original mural paintings such as this bedroom and the vaulted ceiling of the large chapel in the dining room.

Certaines chambres peuvent s'enorgueillir de fresques murales d'origine, comme celle de cette chambre, ou celles du plafond voûté de la grande chapelle dans la salle à manger.

Sommige kamers zijn voorzien van originele muurschilderingen, zoals deze slaapkamer en het gewelfde plafond van de kapel in de eetzaal.

malmaison glasgow

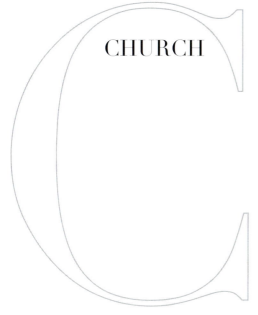

CHURCH

Architect: Gordon Ferrier
Location: Glasgow, Scotland

This stunning converted Greek Orthodox church could be your salvation. This is the most stylish place of worship for those dedicated followers of fashion, with the finest shopping, nightlife and culture that Scotland can offer. Descend the spiral staircase sipping champagne. Enjoy dinner surrounded by spiritual calm and served by brasserie angels. Retreat to the super elegant rooms with your favourite hymns. 72 spacious rooms, some with French windows and all individually designed, exude classic contemporary style with strong, bold reds, purples and golds. Of the eight suites, some are positioned on split-level mezzanines with sunlight streaming through the oversized angled windows.

Cette étonnante Eglise orthodoxe grecque reconvertie pourrait être votre salut : il s'agit d'un des lieux les plus prisés par les adeptes de la mode. Ce lieu propose le meilleur shopping, la meilleure vie nocturne et culturelle que l'Écosse peut offrir. Descendez l'escalier hélicoïdal en sirotant du champagne. Retirez-vous dans d'élégantes chambres où vous pourrez écouter vos airs préférés. Il y a 72 pièces spacieuses : certaines avec des fenêtres françaises, toutes décorées individuellement, dans un style à la fois classique et contemporain, avec des rouges, des violets et des ors royaux. Parmi les huit suites, certaines sont situées sur des mezzanines où la lumière du soleil pénètre à travers d'immenses fenêtres d'angle.

Deze prachtige verbouwde, voormalig Grieks orthodoxe kerk zou uw redding wel eens kunnen zijn. Het is een stijlvolle plaats waar modeliefhebbers hun hart kunnen ophalen aan prachtige winkels, cultuur en het fijnste nachtleven dat Schotland te bieden heeft. Daal de spiraalvormige trap af en nip aan champagne. Geniet van het diner in een spirituele rustige omgeving, waarbij het eten wordt opgediend door restaurantengelen. Trek u terug in de elegante kamers en luister naar uw favoriete hymnen. 72 kamers, alle apart ontworpen, met een klassieke eigentijdsheid in krachtig en brutaal rood, paars en goud. Enkele van de acht suites bevinden zich op een mezzanine, waar het zonlicht binnenstroomt door de grote ramen.

A Rapunzel-like metal staircase takes you down to the bar in the vaulted basement. Perfect for intimate meetings, it is moody and dark with a brilliant shaft of light jutting down from a skylight that runs the length of the bar. Wooden tables with chess board tops fill the popular 'Veuve Clicquot' champagne bar.

Un escalier de métal, dans le plus pur style Rupunzel, mène au bar qui se trouve dans le sous-sol voûté. Parfait pour des rendez-vous intimes, il offre une ambiance tamisée, avec une lumière brillante qui jaillit d'un puits de jour courant tout le long du bar. Des tables de bois, avec des échiquiers pour plateaux, complètent ce bar à champagne « Veuve Clicquot » très populaire.

Een Rapunzelachtige metalen trap voert u naar beneden naar de bar, een perfecte plaats voor intieme ontmoetingen. Het is er sfeervol en donker, met een heldere lichtval door het skylight over de gehele lengte van de bar. Houten tafels met schaakbordbladen staan opgesteld in de 'Veuve Clicquot' champagnebar.

santo domingo bernardo de fresneda

CONVENT

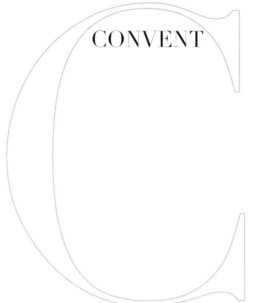

Interior Design: Equipo técnico de Paradores
Location: Santo Domingo de la Calzada, Spain

The interior design of Bernardo de Fresneda is the work of the state-run hotel's technical team who have managed to magnify the spectacular architecture of the old convent. They have enhanced the communal areas and the sizeable central patio which serves as social lounge and restaurant and is covered by a glass dome. The lighting helps create a comfortable atmosphere which is accentuated by the use of velvet and other quality textiles in the decoration.

Le design intérieur du Parador de Bernardo de Fresneda est le fruit du travail de l'équipe technique de cet hôtel dirigé par l'Etat. Cette équipe a réussi à agrandir la spectaculaire structure architecturale de l'ancien couvent par la mise en valeur des espaces communs et de l'importante cour centrale qui sert maintenant de salon et de restaurant. Cette cour a été recouverte d'un dôme de verre. L'éclairage aide à créer une ambiance agréable accentuée par l'utilisation de velours et d'autres tissus de qualité dans la décoration.

Het interieur van de Bernado de Fresneda is het werk van het technische team dat in dienst is van het door de staat beheerde hotel. Dit team is erin geslaagd om de spectaculaire architectuur van het oude klooster te verrijken door de gemeenschappelijke ruimtes en de centrale patio op te knappen. Deze patio, die dienst doet als salon en restaurant, is overdekt met een koepel van glas. De belichting creëert een comfortabelere sfeer die wordt geaccentueerd door het gebruik van zijde en andere kwaliteitsstoffen.

Wrought iron lamps illuminate the common areas. These are complemented by large spotlights which enhance the architectural grandiosity of the various corners with rays of light which bring warmth to the larger areas.

Des lampes en fer forgé illuminent les parties communes. Cet éclairage est complété par de grands projecteurs qui soulignent l'architecture grandiose des différentes zones par des traits de lumière. Ceux-ci apportent davantage de chaleur dans les plus grands espaces.

Smeedijzeren lampen verlichten de gemeenschappelijke ruimtes. Deze werden aangevuld met grote spots die de ruimtelijke grandeur van de verscheidene hoeken accentueren en met hun lichtstralen warmte toevoegen aan de grote ruimtes.

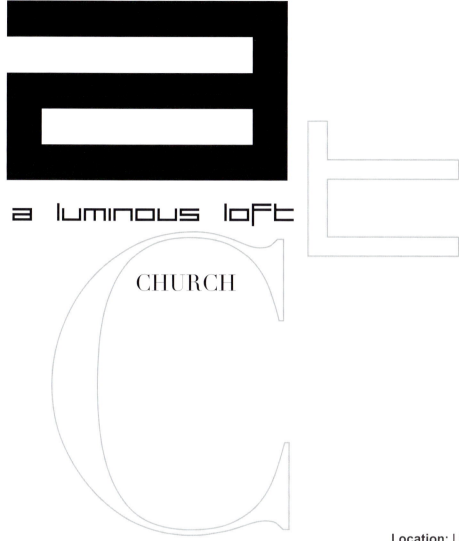

a luminous loft

CHURCH

Location: Lindigö, Sweden

The church, designed in the thirties and out of use for a couple of years, has a huge wooden roof, visible especially on the second floor, where the services were once held. On the ground floor were the priest's living quarters. The owners managed to buy the house and extensive rebuilding took place. The most spectacular part of the new home is the top floor of about 125 square metres, used as one open living area, with the original wooden roof structure as a striking formal asset. Large, angled windows let in floods of light. A mezzanine storey was built, adding variety to the floor plan and extra space to live in.

L'église, conçue dans les années 30 et inutilisée pendant quelques années, possède un immense toit en bois visible depuis le deuxième niveau où se célébrait autrefois l'office. Au rez-de-chaussée se trouvait le logement du prêtre. Les propriétaires actuels rachetèrent l'édifice et réalisèrent d'importants travaux de reconstruction. Le niveau supérieur dont la surface est d'environ 125 mètres carrés a été reconverti en un impressionnant espace ouvert sous la structure originelle du toit en bois. Cette structure fait de cet espace un ensemble architectural saisissant. Les fenêtres d'angle laissent pénétrer la lumière. Un niveau supplémentaire en mezzanine a été construit, offrant ainsi plus de variété dans le plan au sol et de l'espace supplémentaire pour vivre.

De kerk, ontworpen in de dertiger jaren en al een aantal jaren niet meer in gebruik, heeft een enorm houten dak, dat vooral goed te zien is vanaf de tweede verdieping, waar voorheen de diensten gehouden werden. Op de begane grond bevonden zich de vertrekken van de priester. De eigenaars slaagden erin het huis te kopen en dat was het begin van een intensieve verbouwing. Het meest spectaculaire deel van het nieuwe huis is de bovenste verdieping van ongeveer 125 m². Deze wordt gebruikt als een open living, met de originele houten dakstructuur als een markante plechtige aanwinst. Grote ramen laten een overvloed van licht binnen. Er is een entresol aangebracht, die zowel afwisseling biedt als een extra ruimte om in te wonen.

The entrance to the room still has a clearly clerical touch. The family's typical Scandinavian furniture goes splendidly with the striking architecture of the former church. Classics like Aalto and Wegner are mixed with contemporary designs.

L'entrée de la pièce possède encore un aspect clairement clérical. Les meubles typiquement scandinaves de la famille s'allient splendidement avec l'architecture saisissante de l'ancienne église. Des classiques du design comme Aalto et Wegner se mélangent avec des œuvres de designers plus contemporains.

De ingang van de kamer heeft nog steeds een kerkelijk tintje. Het Scandinavische meubilair van het gezin past geweldig bij de markante architectuur van de voormalige kerk. Klassiekers als Aalto en Wegner zijn hier gecombineerd met eigentijdse ontwerpen.

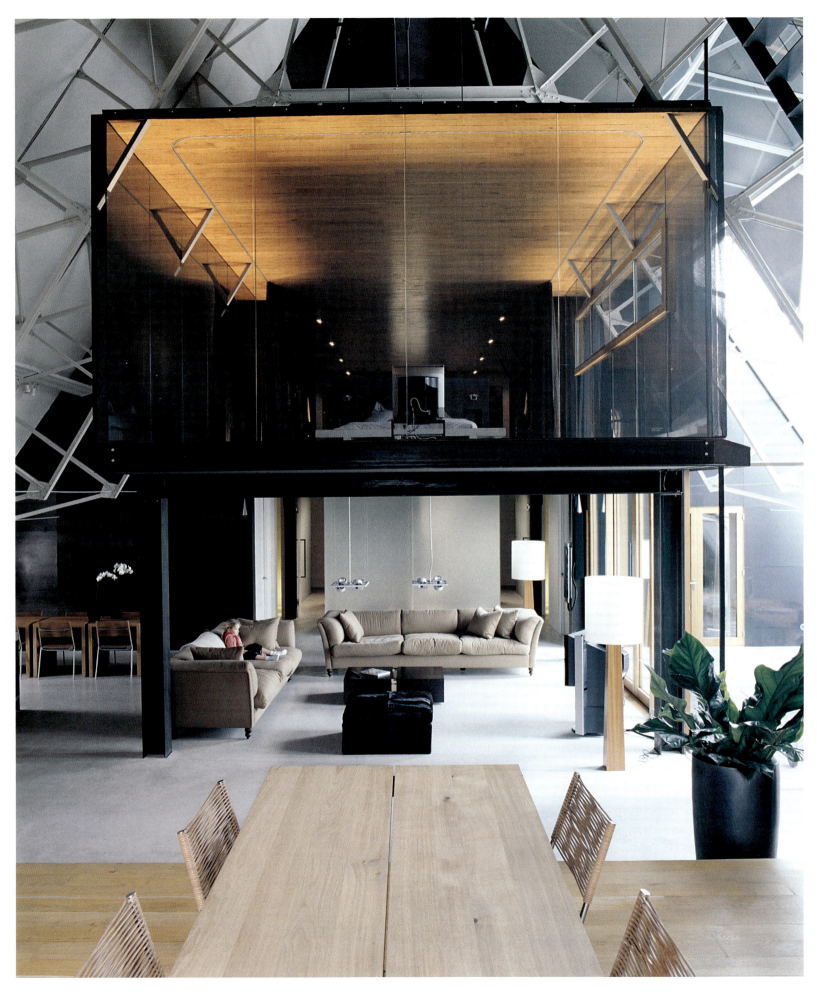

loft in amsterdam

CHURCH

Architect: George Witteveen
Location: Amsterdam, Netherlands

This is one of the finest lofts in Amsterdam. The tremendous height and characteristic form of the reformed church were a challenge to the architect George Witteveen. Creativity and boldness were essential. Most eye-catching is the large bedroom seemingly floating in the air, surrounded by glass and with a concrete bed in the middle. This loft radiates openness. Other notable features are the white-oiled wood, the untreated beams and a scoured concrete floor. A variety of materials were used: walls of steel sheeting, cupboards clad in copper sheeting and sandblasted glass.

C'est l'un des plus beaux lofts d'Amsterdam. L'immense hauteur de plafond ainsi que la forme caractéristique de l'église réformée ont représenté un véritable défi pour l'architecte George Witteveen qui a su faire preuve de créativité et d'audace. Le plus surprenant reste la grande chambre à coucher qui semble flotter dans les airs, entourée de vitres, avec un grand lit au centre. Une impression d'ouverture émane de tout le loft. À noter également, le bois repeint en blanc, les poutres non traitées, le sol en béton érodé, et la grande variété de matériaux utilisés : murs couverts de feuilles d'acier, placard couverts de plaques de cuivres, verre dépoli.

Dit is een van de mooiste lofts in Amsterdam. De enorme hoogte en karakteristieke vorm van de hervormde kerk was een uitdaging voor architect George Witteveen. Creativiteit en kracht waren belangrijke factoren. Het meest opvallend is de grote slaapkamer, die lijkt te zweven en omringd is door glas, met in het midden een betonnen bed. Deze loft straalt openheid uit. Andere opmerkelijke kenmerken zijn het wit geoliede hout, de onbehandelde banken en een betonnen vloer. Er is een keur van materialen gebruikt: muren bekleed met staal, kasten bekleed met koper, en gezandstraald glas.

The platform in white-oiled wood visually separates the dining room from the living area.

La plateforme en bois clair sépare visuellement la salle à manger du séjour.

De verhoging in wit geolied hout biedt een scheiding tussen de eetkamer en woonkamer.

Glass has been installed between the rafters to create enormous windows. Weather permitting, they can be opened, creating a feeling of being outdoors.

Des vitres ont été posées entre les chevrons afin d'obtenir d'immenses fenêtres. Quand le temps le permet, elles peuvent s'ouvrir et donnent ainsi l'impression que l'on se retrouve en plein air.

Er is glas geplaatst tussen de dakspanten zodat er enorme ramen ontstaan. Als het weer het toelaat, kunnen ze worden geopend en dan is het net alsof je buiten bent.

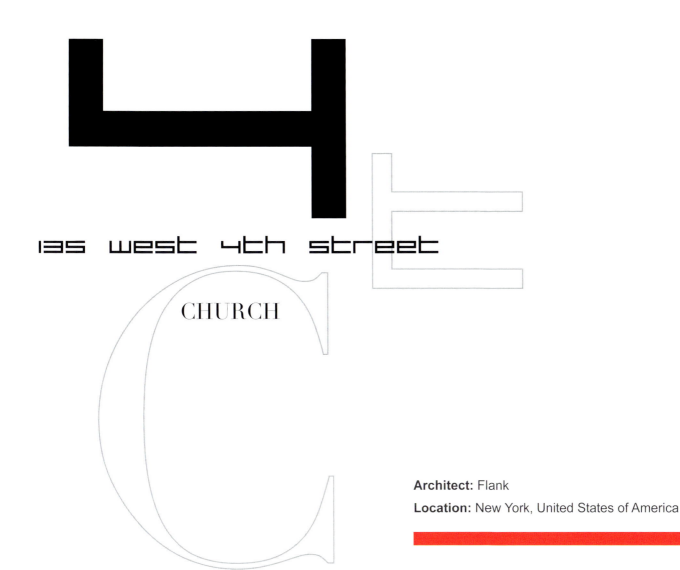

4t

135 west 4th street

CHURCH

Architect: Flank

Location: New York, United States of America

Novare is a reimagined Greenwich Village landmark developed by Flank. Originally built of marble in 1860 by Charles Hadden, the Romanesque revival building served for many years as Washington Square Methodist Church. Today it has a dual identity with a heavy stone exterior and eight private residences inside. Two penthouse duplex units take advantage of the existing vaulted structure with inspiring double height spaces. Throughout all the units, numerous private gardens, interior courts and terraces integrate color into interior living spaces. The entryway atrium arguably represents the most striking feature behind the marble façade.

Conçu par Flank, Novare s'inspire d'un monument de Greenwich Village. Construit en marbre par Charles Hadden en 1860, l'édifice de style néo-romanesque a longtemps servi d'Eglise Méthodiste à Washington Square. Il possède actuellement une identité duale : une façade extérieure de pierres lourdes et huit logements. Deux appartements en duplex tirent avantage de la structure voûtée existante, avec des espaces à double hauteur. D'un bout à l'autre des huit unités d'habitat, des jardins privés, des cours intérieures et des terrasses font entrer de la couleur. Le hall d'entrée en atrium se trouvant derrière la façade de marbre représente sans doute la caractéristique la plus frappante de l'ensemble

Novare is een Greenwich Village historisch monument, ontwikkeld door Flank, en in 1860 door Charles Hadden gebouwd. Het neoromantische gebouw heeft gediend als de Washington Square Methodist Church. Nu heeft het een dubbele identiteit met een zware stenen gevel aan de buitenzijde en acht appartementen binnenin. Twee penthouse duplex eenheden maken gebruik van de bestaande boogstructuur zodat er inspirerende ruimten zijn ontstaan met plafonds die tweemaal zo hoog zijn als normaal. De ettelijke tuinen, binnenplaatsen en terrassen geven alle eenheden kleur. Het atrium is het opvallendste kenmerk achter de marmeren gevel.

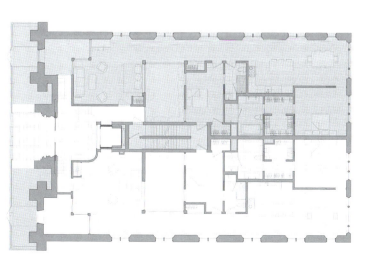

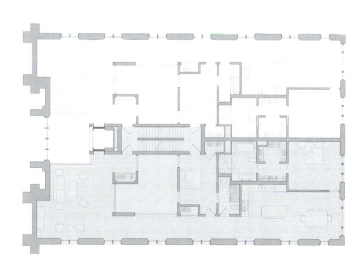

Vaulting over 50 feet from floor to ceiling, ribbons of clear glass pour down around the elevator column, reflecting the glorious original stained glass. This soaring atrium and its massive sheet of stained glass are easily seen from the living spaces and serve as a memorial of the communal legacy of the structure.

La voûte se trouve à presque quinze mètres du sol. Des rubans de verre transparent coulent le long de la cage d'ascenseur, réfléchissant les magnifiques vitraux d'origine. Cet atrium qui s'élève, ainsi que les impressionnants vitraux qui peuvent être facilement vus depuis les espaces habitables, servent à rappeler l'héritage purement communautaire de cette structure.

Booggewelven van ruim vijftien meter van vloer tot plafond en repen helder glas die rond de liftschaft naar beneden lijken te vallen, weerspiegelen het originele glorieuze gebrandschilderde glas. Het atrium en het gebrandschilderde glas zijn goed te zien vanuit de woonruimten en dienen als gedenkteken van de gemeenschappelijke erfenis.

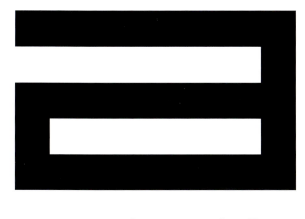

amber hill

CHURCH

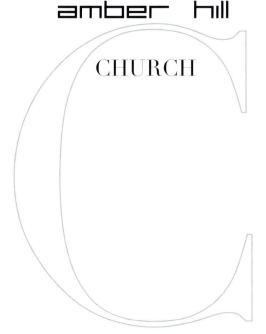

Interior Design: Es Devlin

Location: Amber Hill, United Kingdom

The Old Church was originally St. John the Baptist Church. It was designed in 1867 by Edward Browning, an architect from Stamford. It is mentioned in Sir Nikolaus Pevsner's Lincolnshire Volume of Buildings of England for its decorative brickwork. The church was deconsecrated in 1995. Four years later it was bought by Tim and Angela Devlin. The outside has been left intact. The design for the interior was created by their daughter Es Devlin, an award-winning theatre set designer. She designed a simple mezzanine structure supported by eight pillars and accessed by twin spiral staircases, leaving a massively light open-plan area with upstairs bedroom and bathroom.

Cette église, appelée à l'origine St. John the Baptist Church, fut conçue en 1867 par Edward Browning, architecte de Stamford. Mentionnée en raison de son briquetage décoratif par Nikolaus Pevsner dans le volume sur le Linconshire « The Buildings of England », l'église fut déconsacrée en 1995. Quatre ans plus tard, elle fut achetée par Tim et Angela Devlin. L'extérieur a été laissé intact. Le design intérieur a été conçu par leur fille Es Devlin, scénographe reconnue. Elle a conçu pour l'église une structure simple en mezzanine, soutenue par huit piliers et accessible par un double escalier hélicoïdal, laissant ainsi un espace ouvert lumineux avec au-dessus une chambre et une salle de bain.

De oude kerk was oorspronkelijk de St. John the Baptist Church en werd in 1867 ontworpen door Edward Browning, een architect uit Stamford. Vanwege het decoratieve metselwerk werd de kerk genoemd in Sir Nikolaus Pevsner's Lincolnshire Volume of Buildings of England. De kerk werd in 1995 geseculariseerd. Vier jaar later kochten Tim en Angela Devlin de kerk. De buitenkant is intact gebleven. Het interieurontwerp is van de hand van hun dochter, Es Devlin, een gerenommeerd theaterontwerpster. Ze ontwierp een eenvoudige entresol die wordt ondersteund door acht pilaren en bereikbaar is door een dubbele spiraalvormige trap. Hierdoor creëerde ze een grote lichte open ruimte.

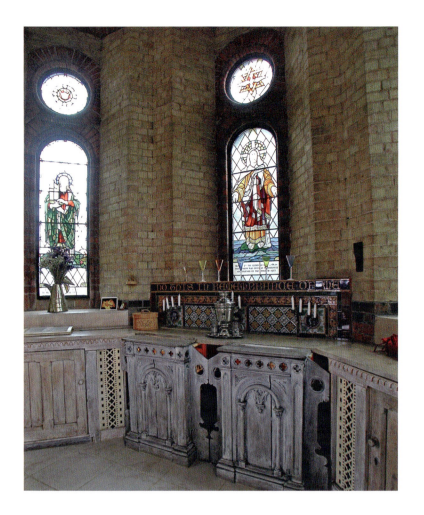

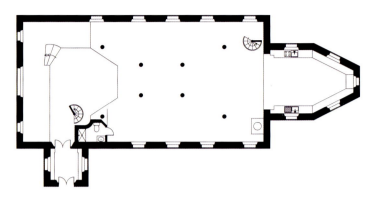

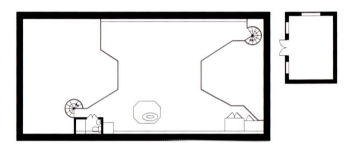

The bedroom and bathroom are situated on the top floor in a unique space. The decorative elements and the furniture are minimal and in neutral tones, in a way that strengthens the lighting and structure of the church to portray a greater relevance.

La chambre et la salle de bains sont situées à l'étage supérieur, dans un espace unique. Les éléments de décoration, tout comme l'ameublement, sont minimaux et de tons neutres, de sorte que l'éclairage et la structure sont renforcés et acquièrent une plus grande importance.

De slaapkamer en badkamer zijn gesitueerd op de bovenste verdieping in een unieke ruimte. De decoratieve elementen en de inrichting zijn minimalistisch en neutraal van kleur. Dit versterkt de lichtinval en de structuur van de kerk, en geeft zo een extra dimensie.

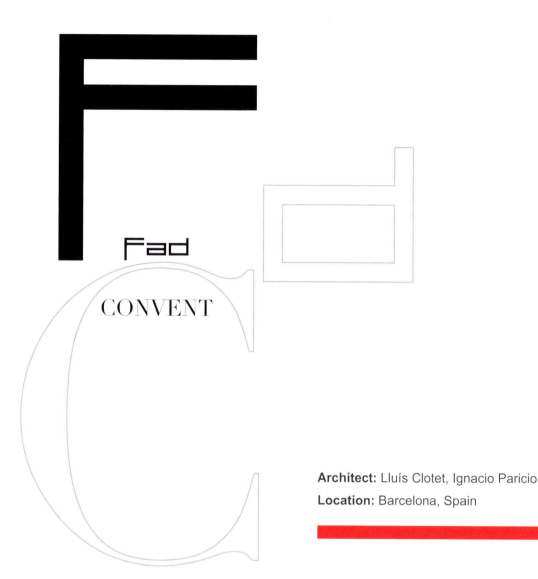

F

Fad

CONVENT

Architect: Lluís Clotet, Ignacio Paricio
Location: Barcelona, Spain

The state of the Convent dels Àngels, located in the heart of the city, represents the recovery of a historical building. It is one of the remains of the Renaissance-style architecture in Barcelona that was characteristic of the second part of the 16th century. The convent is a unique space full of activity that FAD has opened to the public, as well as organizations, societies and companies associated with culture. The architects and interior designers in charge of the project aspired to maintain the essence of the patrimonial and spacial values by using the Gothic nave of the old convent as a cultural reference.

L'état actuel du « Convent dels Angels », situé au cœur de la ville, témoigne de la véritable reconquête d'un bâtiment historique. Il s'agit de l'un des vestiges de l'architecture de style Renaissance à Barcelone, caractéristique de la seconde partie du XVIème siècle. Le couvent est un lieu unique où se déroulent de nombreuses activités. Le FAD est ouvert aussi bien au public qu'aux organisations liées à la culture. Les architectes comme les designers intérieurs du projet avaient en charge de préserver l'essence des valeurs spatiales et patrimoniale en faisant de la Nef Gothique du vieux couvent une référence culturelle.

De staat waarin het centraal gelegen Convent dels Angels verkeert, vertegenwoordigt het herstel van een historisch gebouw. Het is een van de overblijfselen van de architectuur in renaissancestijl in Barcelona, die karakteristiek was voor het tweede deel van de zestiende eeuw. Het klooster is een unieke plaats vol activiteit en door de FAD geopend ten behoeve van het publiek, organisatoren en bedrijven die banden hebben met cultuur. De architecten en interieurwerpers van dit projekt hebben ernaar gestreefd om de essentie van het erfgoed en de ruimtelijke waarden te behouden door het gotische schip te gebruiken als cultureel referentiekader.

To transform the Angels Forum into expositive space, a rhythmical row of vertical ropes will be placed around the entire perimeter, with the aim of participating in a space of patrimonial interest through respect and dialogue. A mail of support, almost imperceptible, liberates the walls from improvised fixings and allows the instalment of the works to be separated from the walls, the way tapestries were hung in the medieval halls.

Pour parvenir à faire du « Forum Angels » un espace d'exposition, une rangée cadencée de cordes verticales sera placée autour du périmètre d'exposition, afin qu'il puisse, par le respect et le dialogue, participer d'un espace d'intérêt patrimonial. Une maille de support, imperceptible, libère les murs d'accrochages improvisés et permet à l'installation des œuvres d'être séparée des murs, de la même manière dont on suspendait les tapisseries dans les vestibules médiévaux.

Om het Angels Forum te kunnen gebruiken als expositieruimte zal er een ritmische rij van verticale touwen worden geplaatst, met de bedoeling dat men met respect in dialoog treedt in een ruimte van erfgoed. Vrijwel onzichtbaar maaswerk bevrijdt de muren van geïmproviseerde hangsystemen, waardoor kunnen de werken van de muren af kunnen hangen, vergelijkbaar met de manier waarop middeleeuwse tapisserieën werden opgehangen.

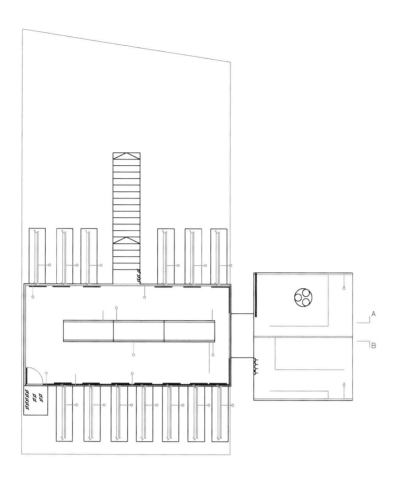

The rehabilitation of the Convent dels Àngels has been done by the Clotet-Paricio architects team, while the project of the interior design of the Àngels Forum and the Gothic nave of the building was achieved by Lluis Pau, Martorell, Bohigas, Mackay and IDP.

La réhabilitation du « Couvent Dels Angels » fut réalisée par l'équipe d'architectes Clotet-Paricio ; tandis que le projet de design intérieur du « Forum Angels » et de la Nef Gothique du bâtiment, fut mené par Lluis Pau, Martorell, Bohigas, Mackay et IDP.

Het herstel van het Convent dels Angels werd uitgevoerd door het architectenteam van Clotet-Patricio; het interieur van het Angels Forum en het gotische schip werd gedaan door Lluis Pau, Martorell, Bohigas, Mackay en IDP.

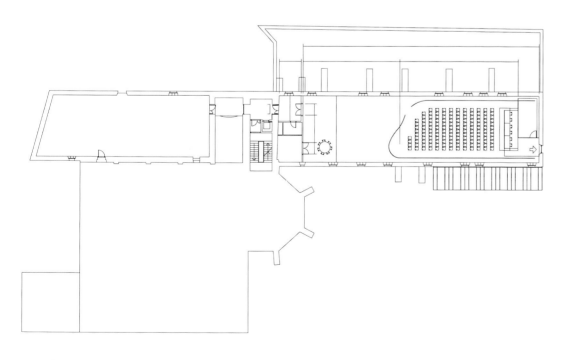

centre for visual arts

MONASTERY

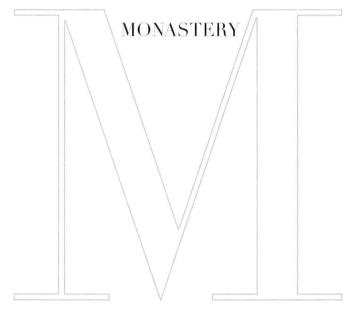

Architect: João Mendes Ribeiro
Location: Coimbra, Portugal

The main purpose of the intervention in Colégio das Artes was to convert these installations into the Centre for Visual Arts. On the ground floor, a space for exhibitions was created. This space was designed to assume different configurations, achieved by the use of moving panels that restructure the space as long corridors or small rooms. The archaeological structures were preserved underneath the pavement, which can be dismantled for easy access. New metallic stairs lead to the upper floor, which is divided in two by a structural wall.

L'objectif principal de la rénovation du «Colégio das Artes» était de convertir les installations existantes en un Centre pour les Arts Visuels. Au rez-de-chaussée, un centre d'expositions a été créé. Cet espace a été conçu dans le but de pouvoir accueillir différentes configurations spatiales, grâce à des panneaux amovibles qui remodèlent l'espace, soit en de longues galeries, soit en de petites pièces. Les fondations archéologiques qui se trouvaient sous les pavements ont été conservées; ces derniers peuvent être démontés afin d'offrir si nécessaire un accès plus facile.

Het hoofddoel van werkzaamheden in Colégio das Artes was het omvormen van het gebouw tot een Centrum voor Visuele Kunst. Op de begane grond is een expositieruimte gecreëerd. Deze ruimte is zo ontworpen dat door het gebruik van verplaatsbare panelen, zowel lange gangen als kleinere ruimtes gecreëerd kunnen worden. Zo zijn in deze ruimte meerdere opstellingen mogelijk. De archeologische funderingen zijn bewaard gebleven onder de uitneembare tegelvloer zodat indien nodig gemakkelijk toegang verkregen kan worden. Nieuwe metalen trappen geven toegang tot de bovenverdieping die door een muur in tweeën wordt verdeeld.

The exhibition rooms, the library and the offices are located on the other side. The ceiling has been removed as to unveil the master beams and other structural elements of the roof. Outside, the floor was levelled with a paving stone and the drainage line creates a sense of unity with the adjacent court - Pátio da Inquisição.

Les salles d'exposition, la bibliothèque et les bureaux sont situés de l'autre côté. Le plafond a été retiré afin de révéler les poutres maîtresses, ainsi que d'autres éléments structurels du toit. A l'extérieur le sol a été nivelé à l'aide de pavés, et la ligne de drainage crée un sentiment d'unité avec la cour continue, le «Patio da Inquisição».

De expositieruimtes, de bibliotheek en kantoorruimtes zijn aan de andere kant gevestigd. De zolder is verwijderd zodat hoofdbalken en andere constructieonderdelen van het dak goed te zien zijn. Buiten is de grond met straatstenen geëgaliseerd. De afwateringsgoot schept hier een gevoel van eenheid met de aangrenzende binnenplaats – Pátio da Inquisição.

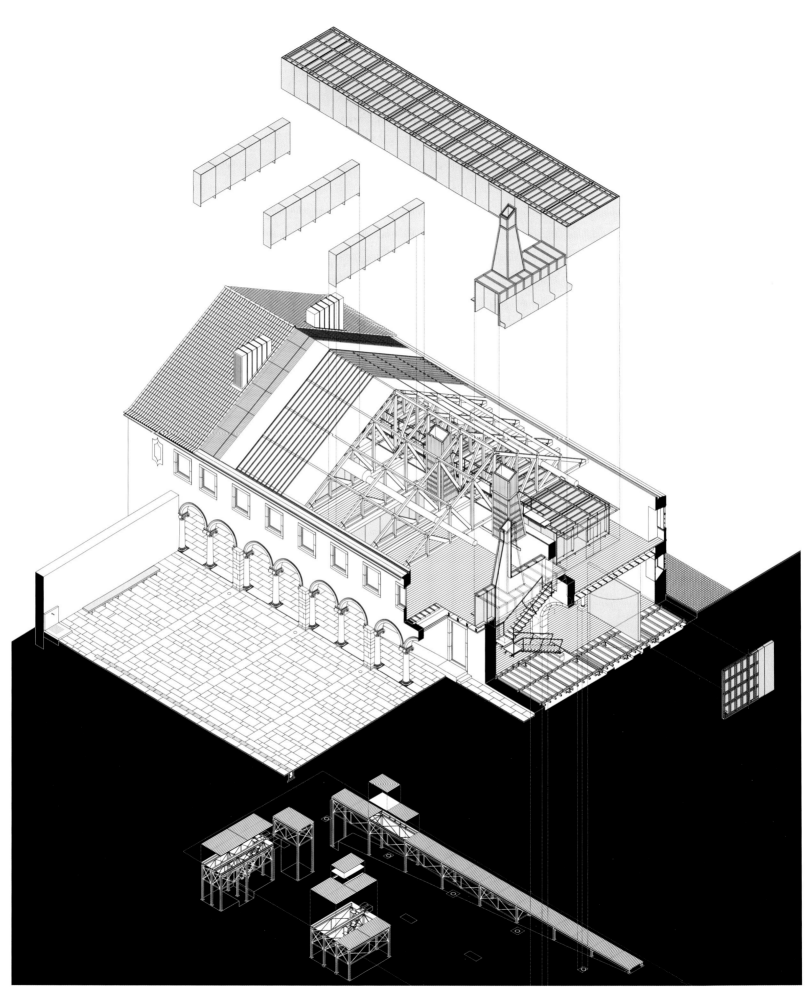

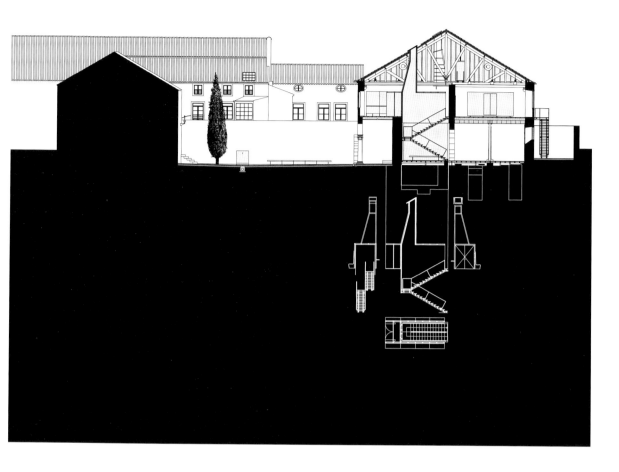

The underlying concept was to adapt the existing building to new uses, without neglecting its historical and archaeological value. This strategy involved a clear contemporary language, designed to create a continuum between the new and the old, the past and the present.

L'idée qui sous-tendait ce projet, était d'adapter le bâtiment existant à de nouveaux usages, sans négliger sa valeur historique et archéologique. Cette stratégie implique un langage contemporain clair, conçu pour créer un continuum entre le nouveau et l'ancien, le passé et le présent.

Het onderliggende concept had als doel het bestaande gebouw om te vormen tot een functioneel hedendaags geheel, zonder afbreuk te doen aan de historische en archeologische waarde ervan. Om dit te bewerkstelligen was een duidelijke hedendaagse visie nodig die een link legt tussen het oude en het nieuwe, tussen de toekomst en het verleden.

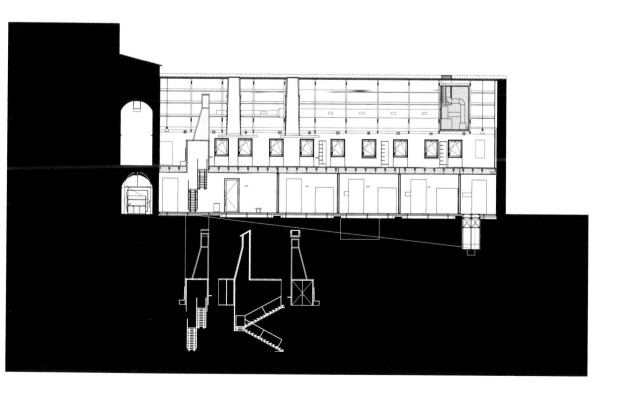

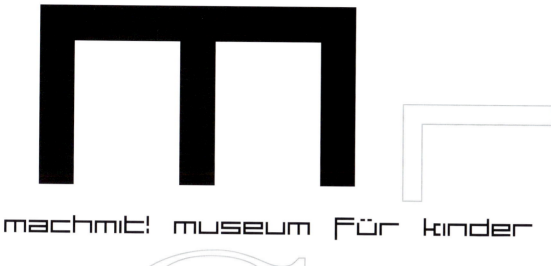

machmit! museum für kinder

CHURCH

Architect: Klaus Block Architekt
Location: Berlin, Germany

The Machmit! Museum für Kinder is housed in what was once an evangelic church built in 1910. The intervention of Klaus Block Architects established one of its main objectives as the harmonization of the required new spaces for the museum with its historic character, resulting in the new installations being independent of the original structure in order to aid its preservation. Visitors can thus explore a building which holds a labyrinth inside. One of the criteria which determined the choice of the materials and the colour scheme of the new elements were the previous remains of the church.

Le Machmit! Museum pour enfants est aujourd'hui abrité par ce qui fut une église évangélique bâtie en 1910. L'un des principaux objectifs de l'intervention du cabinet Klaus Block Architects était d'harmoniser ce qu'exige l'ouverture de nouveaux espaces muséaux avec le caractère historique du bâtiment : en résulta l'indépendance des nouvelles installations face à la structure d'origine afin de faciliter la conservation de cette dernière. Les visiteurs peuvent donc explorer un bâtiment qui recèle en son sein un labyrinthe. Les vestiges restants de l'église furent un des critères qui détermina le choix des matériaux et l'agencement des couleurs des nouveaux éléments.

Het Machmit! Museum für Kinder is gevestigd in wat ooit een evangelische kerk uit 1910 was. De medewerking van Klaus Block Architects heeft geleid tot het realiseren van een van de belangrijkste doelstellingen bij het tot stand brengen van de benodigde nieuwe ruimtes voor een museum met een historisch karakter: de nieuwe inrichting staat los van de originele constructie, waardoor deze behouden is gebleven. De bezoekers kunnen op die manier binnen in het gebouw een labyrint verkennen. De nieuwe materialen en kleuren werden voornamelijk gekozen in overeenstemming met de overblijfselen van de oude kerk.

The interesting use of colour, brimming with contrasts, has been conserved from the post-war period. The sections of the ceiling and vaults of the covered balconies are framed with a turquoise colour. The railing of the gallery is a yellow shade and the deep red colour of the antique mosaic all merge to play an important role in the present design.

L'emploi intéressant de la couleur, qui multiplie les contrastes, a été conservé de la période d'après-guerre. Le plafond, les voûtes et les balcons couverts sont mis en valeur par une couleur turquoise. La teinte jaune des rampes de la galerie et le rouge profond de l'antique mosaïque se combinent pour jouer un rôle de premier ordre dans le design actuel du bâtiment.

Het opvallende kleurgebruik met de ontelbare contrasten is een overblijfsel van de naoorlogse periode. Het plafond en de gewelven boven de overdekte balkons worden omlijst door turkoois. De combinatie van de gele tint van de balustrade in de galerie en het diepe rood van de antieke mozaïeken speelt een belangrijke rol in het nieuwe ontwerp.

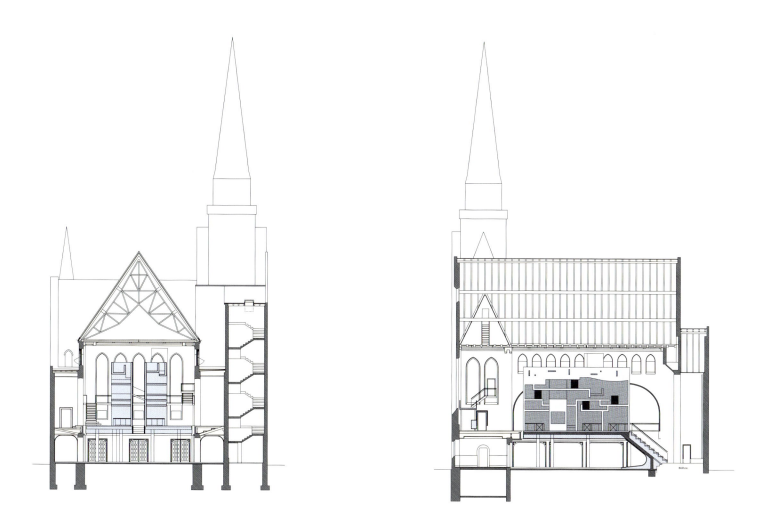

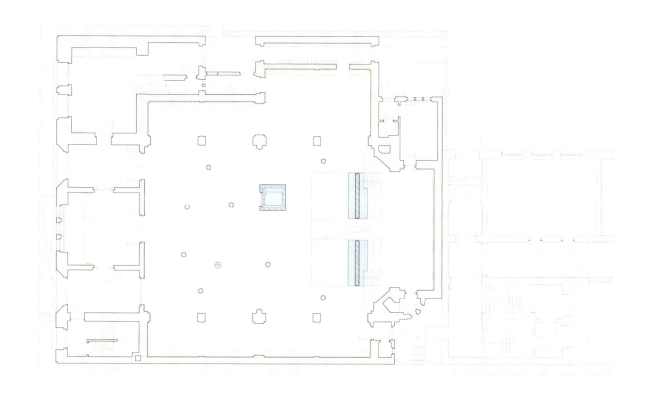

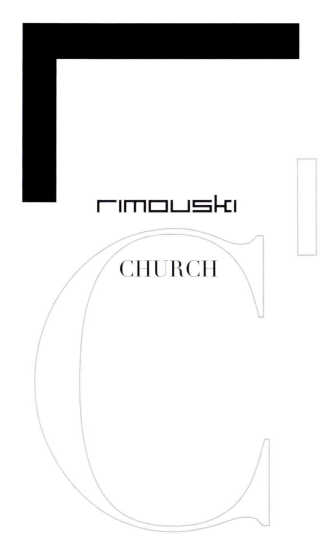

rimouski

CHURCH

Architect: Dupuis Le Tourneux
Location: Rimouiski, Canada

Situated in the heart of Rimouski facing the sea, the museum is housed in the first stone church of the city. The building, constructed in 1824, was entirely restored in 1972 and adapted to the function of museum. In 1993, the interior of the building was completely re-designed, bringing a more contemporary air to the museum and more adapted today to muse-ology. To the facade was added a metal struc-ture used for advertising events and artists' projects. In 1996, the cedar roof was replaced by sheets of galvanised steel, giving the build-ing its renovated stature.

Situé en plein coeur de Rimouski, face à la mer, le musée se trouve dans la première église de pierres de Rimouski. L'immeuble, construit en 1824, a été entièrement restauré en 1972 et adapté à la fonction de Musée. En 1993, l'inté-rieur de l'édifice a été complètement redessiné, adoptant une allure plus contemporaine et sur-tout plus propice à une muséologie actuelle. On y a adjoint la fascine, structure métallique utilisée pour la publicité des événements et pour des projets d'artistes. En 1996, la toiture de bardeaux de cèdre a été remplacée par un revêtement de feuilles d'acier galvanisé, don-nant à l'immeuble une stature renouvelée.

Gesitueerd in het hart van Rimouski, met uit-zicht op zee, is het museum gevestigd in de eerste stenen kerk van de stad. Het pand, gebouwd in 1824, is volledig gerestaureerd in 1972 en daarbij geheel ingericht als museum. Het interieur heeft in 1993 een nieuw design gekregen, wat het museum een eigentijdse uitstraling heeft gegeven. Aan de gevel is een metalen structuur aangebracht. Die wordt ge-bruikt voor het aankondigen van evenementen en projecten van kunstenaars. In 1996 werd het cederhouten dak vervangen door een dak van gegalvaniseerd staal, waardoor het gebouw het gerenoveerde uiterlijk heeft gekregen.

EXORCISMUS

ADJURO TE, SERPENS ANTIQUI
PER JUDICEM VIVORUM ET MO
TUORUM, PER FACTOREM TUUM
PER FACTOREM MUNDI, PER EUS
QUI HABET POTESTATEM MITTENDI
TE IN GEHENNAM: UT AB HOC FAM
LO DEI N. QUI AD ECCLESIAE SINU
RECURRIT, CUM METU ET EXERCI
FURORIS TUI FESTINUS DISCEDAS. A
JURO TE ITERUM + IN FRONTE DORM
NIACI, NON MEA INFIRMITATE, SED VI
TUTE SPIRITUS SANCTI, UT EXEAS AB HO
FAMULO DEI N. QUEN OMNIPOTENS DEU
AD IMAGINEM SUAN FECIT. CEDE IGIT G
CEDE NON MIHI, SED MINISTRO CHRISTI

The museum prioritises subjects such as contemporary art, history and sciences.

Le Musée met l'accent sur des sujets tels que l'art contemporain, histoire et sciences.

Het museum geeft voorrang aan onderwerpen die te maken hebben met de volgens mandaat vastgelegde interessegebieden: moderne kunst, geschiedenis en wetenschap.

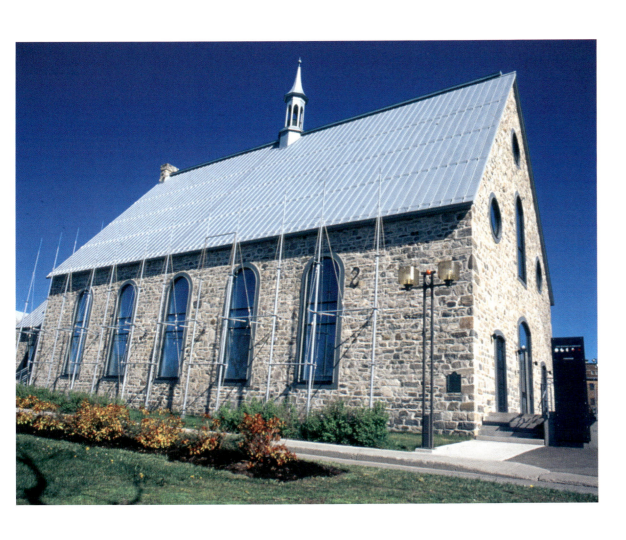

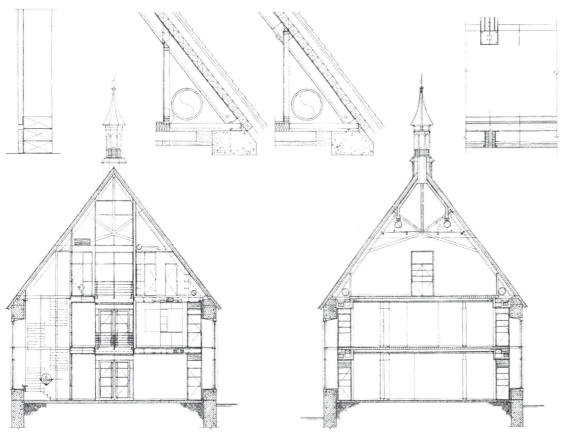

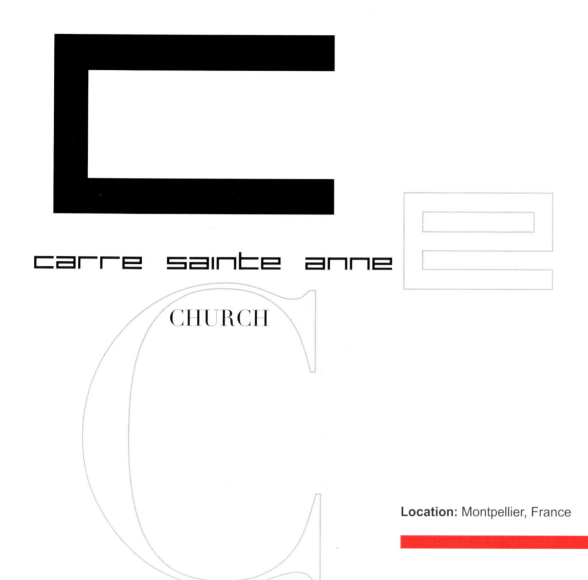

carre sainte anne

CHURCH

Location: Montpellier, France

In the middle of the 19th century, the Sainte Anne Church was rebuilt on top of the ruins of a 12th century chapel. The building was finished in 1872, in a neo-gothic style representative of Viollet-Le-Duc. Along with Viollet-Le-Duc, Haussmann and Baltard were also consulted regarding the rebuilding of this part of the city. Le Carré Sainte Anne is today an exhibition centre in the aisle of this neo-gothic converted church. The centre holds mainly contemporary art exhibitions.

Au milieu du XIXème siècle, l'église Sainte-Anne est reconstruite sur les ruines d'une chapelle du XIIème siècle. L'édifice est achevé en 1872, dans un style néo-gothique cher à Viollet- Le-Duc. Ce dernier fut d'ailleurs consulté, comme le furent Haussmann et Baltard pour la restructuration de cette partie de la ville. Le Carré Sainte-Anne est maintenant une salle d'exposition municipale aménagée depuis 1991 dans la nef de cette église néo-gothique désacralisée. Le lieu accueille en majeure partie des expositions d'art contemporain.

In het midden van de negentiende eeuw werd de Sainte Anne Kerk herbouwd op de ruïnen van een kapel uit de twaalfde eeuw. Het gebouw werd voltooid in 1872 in neogotische stijl, representatief voor Viollet-Le-Duc. Naast Viollet-Le-Duc werden ook Haussmann en Baltard geraadpleegd over het herbouwen van dit gedeelte van de stad. Vandaag de dag bevindt zich in de zijbeuk van deze neogotisch gerenoveerde kerk een tentoonstellingsruimte, Le Carré Sainte Anne.

During summer, theme exhibitions are held with installations in which artists such as Jan Fabre, François Morellet, Pascal Convert, Cécile Bart, Dominique Gauthier, and Patrick Saytour play with the architecture of light and stained glass windows.

En été y sont programmées soit des expositions thématiques, soit des installations in situ permettant à des artistes comme Jan Fabre, François Morellet, Pascal Convert, Cécile Bart, Dominique Gauthier, Patrick Saytour de jouer sur l'architecture et la lumière des vitraux.

In de zomer worden er tentoonstellingen gehouden waarbij kunstenaars als Jan Fabre, François Morellet, Pascal Convert, Cécile Bart, Dominique Gauthier en Patrick Saytour spelen met de lichtval die door de gebrandschilderde ramen valt.

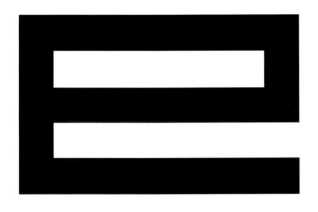

escuelas pias

CHURCH

Architect: José Ignacio Linazasoro

Location: Madrid, Spain

The intervention in the Pias Schools and the surrounding area covers different aspects from the urban, based on public spaces, to that of the design of the interior furniture. It also involves different construction systems and presents different types of relationships between the pre-existing buildings and the various sections of the new intervention. The objective has been to give the complex a unique character, despite the complexity of the situation. Therefore, a concept of unity which went beyond specific solutions and could be classed as a "character" of the intervention was vital. The materials and textures therefore help create a particular expressive impact.

L'intervention sur les Ecoles Pias et les alentours recouvre différents domaines, allant de l'urbanisme au travail sur les espaces publics jusqu'au design du mobilier intérieur. Elle implique aussi différents systèmes de construction et présente différents types de relations entre les bâtiments préexistants et les nombreuses parties nées de la nouvelle intervention. L'objectif a été de donner à cet ensemble un caractère unique, malgré sa complexité. C'est pourquoi concevoir une unité qui aille au-delà des solutions spécifiques et qui puisse être définie comme une « identité » était vital. Les matériaux et les textures ont donc aidé à créer un impact expressif spécifique.

De verbouwing van de Pias Scholen en de omgeving omvat verschillende aspecten; van urbanisme, de creatie van openbare ruimtes, tot interieurontwerp. Het bevat ook verschillende bouwsystemen en laat de verhoudingen zien tussen reeds bestaande gebouwen en de verschillende delen van de nieuwe. Ondanks de gecompliceerde situatie moest het complex een uniek karakter krijgen. Daarom was het belangrijk om een eenheid te creëren die niet alleen nuttig maar vooral karakteristiek zou zijn. De materialen en texturen geven het gebouw een bijzondere expressie.

The architectural solution should not limit itself to apply preconceived "clichés", but rather express itself through primary, timeless and indisputable values, such as the materials, construction and light, as well as considering the imposing, bare and brutal character of the place and the ruins.

La solution architecturale ne devait pas se contenter d'appliquer des « clichés » préconçus, mais devait plutôt s'exprimer à travers des valeurs fondamentales, intemporelles et incontestables, comme les matériaux, la construction, la lumière, tout en prenant en compte le caractère brut, nu et imposant du lieu et des ruines.

Architectonische oplossingen moeten de clichés en grenzen ontstijgen en zich juist uitdrukken door middel van tijdloze en onbetwistbare waarden, zoals materiaal, constructie en licht, en tegelijk rekening houden met de imposante uitstraling van de kale, sobere sfeer van de ruïne.

The unity in the "character" of the project does not conflict with the multiplicity of its spaces and structural systems. There is, however, a sequence of internal and external routes which exceeds the limits between the buildings and which joins all the spaces together. These routes are connected by analogy and contrast.

Cette « identité » homogène du projet ne rentre pas en conflit avec la multiplicité des espaces et des systèmes structuraux. Il y a cependant une suite de routes intérieures et extérieures qui dépasse les limites des bâtiments et qui relie tous les espaces entre eux. Ces routes se raccordent par analogie et contraste.

De eenheid die het project uitstraalt staat de multifunctionaliteit van de verschillende ruimtes en constructies niet in de weg. Een aaneenschakeling van routes binnen en buiten overschrijdt de grenzen tussen de gebouwen waardoor alle ruimtes met elkaar samensmelten. Deze routes zijn met elkaar verbonden op grond van analogie en contrast.

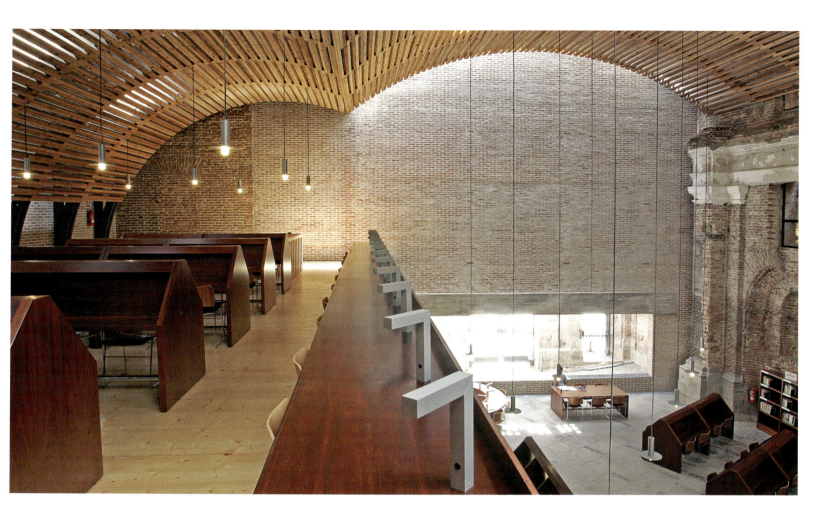

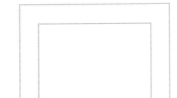

sankt marien

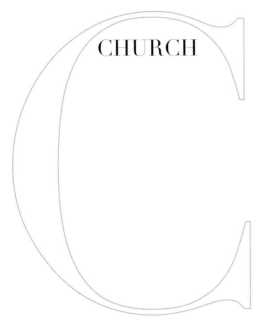

CHURCH

Architect: Klaus Block Architekt

Location: Müncheberg, Germany

The local parish church of St. Marien was founded in the 8th century by the Cistercian order and later remodelled in 1817 according to K.F. Schinkel's plans. In 1945 it was completely demolished, and it was rebuilt in 1992. Six years later it was extended to become a space for the local library and cultural centre, as well as being used for its original purpose, religious service. The new areas are housed within a four floor steel structure, covered with glass sheeting which was designed as an independent sculpture. The side which connects to the interior of the church is furnished with ash wood.

L'église locale de la paroisse de St Marien fut fondée au VIIIème siècle par l'ordre cistercien et remodelée en 1817 selon les plans de K.F. Schinkel. En 1945, elle fut détruite, puis reconstruite en 1992. Six ans plus tard, elle fut agrandie pour pouvoir accueillir la bibliothèque locale et un centre culturel, ainsi que pour la célébration de l'office. Les nouvelles aires sont abritées par une structure en acier sur quatre niveaux, couverte par des plaques vitrées, qui a été conçue comme une structure indépendante. Le côté de cette structure qui est relié à l'intérieur de l'église est meublé en bois de frêne.

De plaatselijke parochiekerk van St. Marien werd gesticht in de achtste eeuw door de cisterciënzer orde en werd in 1817 verbouwd door K.F. Schinkel. In 1945 werd de kerk volledig verwoest, en weer opgebouwd in 1992. Zes jaar later kreeg de kerk extra ruimte voor de plaatselijke bibliotheek en een cultureel centrum. Daarnaast werd het oorspronkelijke doel van de kerk weer in ere hersteld, en werden er weer diensten gehouden. De nieuwe delen bevinden zich in een met glas overdekte stalen constructie van vier verdiepingen, ontworpen als op zichzelf staand kunstwerk. De zijde die verbonden is met de binnenkant van de kerk is betimmerd met essenhout.

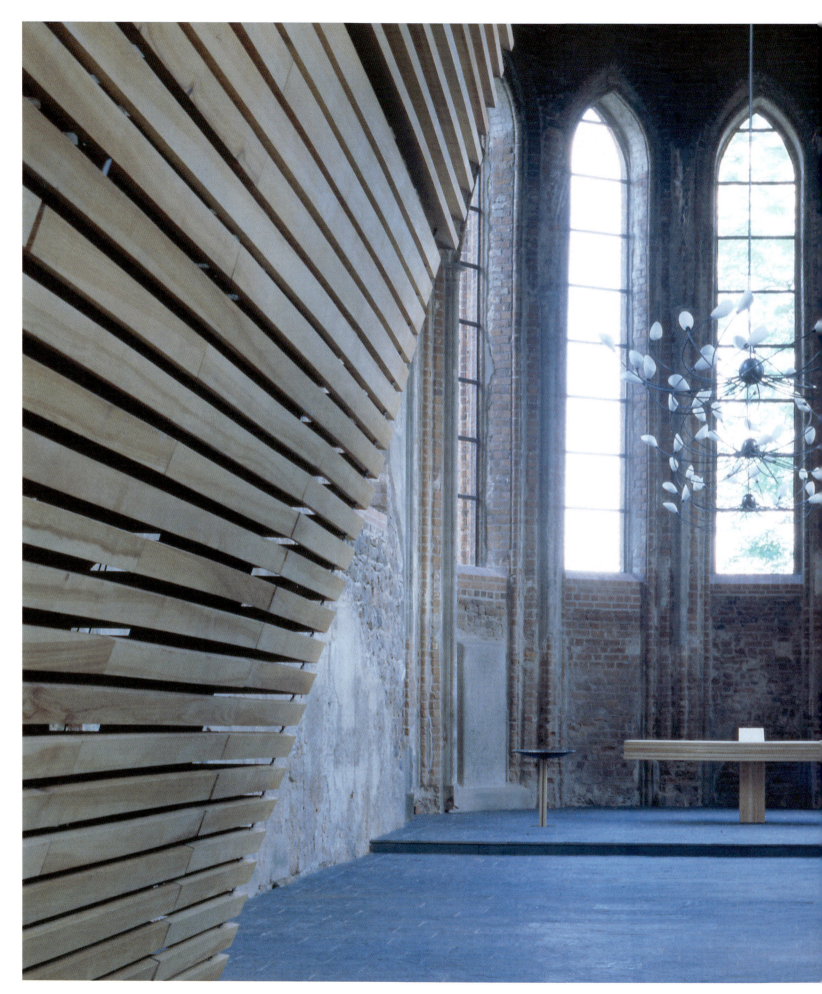

The altar and the font are the most important architectural elements inside the church, due to their prominent position in the space as well as their sculptural character.

L'autel et le bénitier sont les éléments architecturaux les plus importants à l'intérieur de l'église, à cause de leur position prééminente dans la configuration spatiale de l'église aussi bien que par leur caractère sculptural.

Door hun prominente plaats en hun bijzondere vorm zijn het altaar en het doopvont de blikvangers in de kerk.

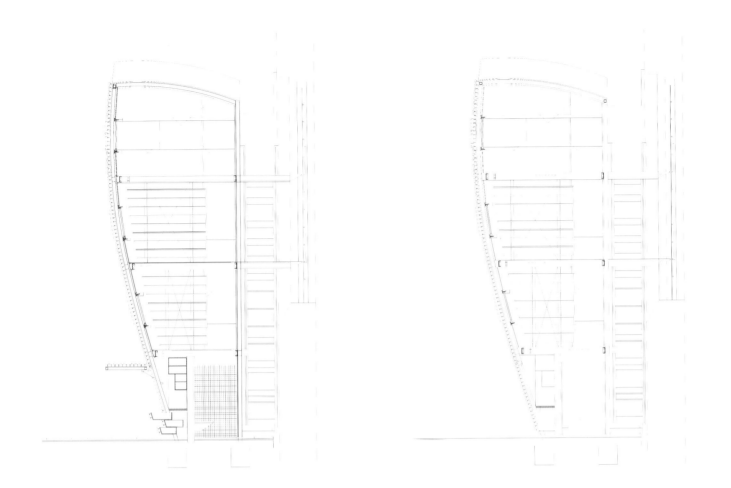

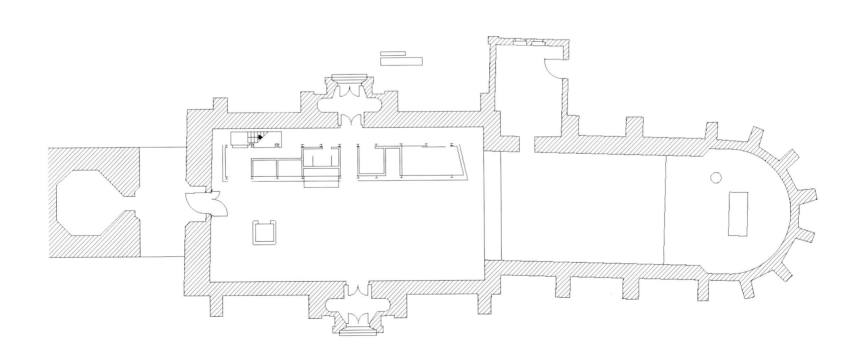

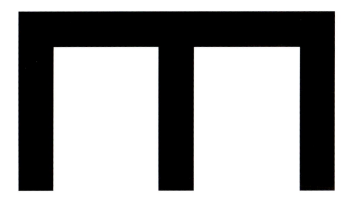

mccoll center

CHURCH

Architect: FMK Architects

Location: North Carolina, United States of America

Originally built in 1926, the McColl Center for Visual Art is located in a former Associate Reformed Presbyterian Church. On November 14, 1985, an accidental fire heavily damaged the wonderful structure but fortunately the exterior walls remained intact. In 1995, Bank of America acquired the church for the sole purpose of establishing an urban artists' community. With the vision and support of the Bank, Hugh McColl and the Arts & Science Council, McColl Center was completed in 1999. The renovated structure was designed by FMK Architects and was built by Rodgers Builders. They developed a response to the needs of the artists combined with a sensitivity to the characteristics of the structure of the church.

Le McColl Center pour les Arts Visuels est situé dans une ancienne église presbytérienne réformée dont la construction remonte à 1926. Le 14 novembre 1985, un incendie a gravement endommagé la superbe structure de l'église. Par chance les murs extérieurs sont restés intacts. En 1995, la Bank of America a acheté l'église avec pour objectif d'y installer une communauté d'artistes. Grâce au soutien de la Bank of America, d'Hugh McColl et du Art & Science Council, le McColl Center a été achevé en 1999. La structure rénovée a été conçue par le cabinet FMK Architects et construite par la société Rodgers Builders, qui ont tenté d'apporter une réponse aux besoins des artistes tout en restant sensibles aux caractéristiques structurelles de l'église.

Het McColl Center for Visual Art is gebouwd in 1926 en is gevestigd in een voormalige kerk van de Associate Reformed Presbyterian Church. Op 14 november 1985 verwoestte een brand de prachtige structuur, maar gelukkig bleven de buitenmuren intact. In 1995 kocht de Bank of America de kerk om er kunstenaars te huisvesten. Dankzij de visie en steun van de bank konden Hugh McColl en Arts & Science Council de bouw in 1999 voltooien. Het ontwerp van de renovatie was in handen van FMK architecten en werd uitgevoerd door Rodgers aannemers. Het ontwerp voldeed aan de behoeften van de kunstenaars, gecombineerd met gevoel voor de karakteristieken van de kerk.

Fishero designed steel and aluminum windows to take the place of the stained glass windows that had been destroyed by the fire. He did not have the interior brick walls cleaned. Instead, he designed a three-story gallery that accentuates the scorch marks from the fire.

Fishero a conçu des fenêtres en acier et en aluminium qui ont remplacé les vitraux détruits par l'incendie. Il n'a pas fait nettoyer les murs intérieurs en briques, concevant au contraire une galerie à trois niveaux qui a accentué les marques de brûlure dues à l'incendie.

Fishero ontwierp stalen en aluminium ramen ter vervanging van de gebrandschilderde ramen die door de brand waren verwoest. Hij liet de bakstenen binnenmuren niet schoonmaken. In plaats daarvan ontwierp hij een balkon van drie verdiepingen hoog dat de schroeiplekken van de brand benadrukt.

The studios offer a tremendous amount of flexibility for the artists. There are electrical outlets on the floor, walls and ceilings for greater convenience. The lighting can be switched between incandescent and fluorescent depending on the artists' needs. Dangerous fumes are vented out of the building for both the artists' and patrons' protection.

Les ateliers offrent une incroyable flexibilité aux artistes. Il y a des prises électriques sur le sol, sur les murs, au plafond, pour plus de commodité. L'éclairage peut passer de l'incandescent au fluorescent selon les besoins des artistes. Les émanations dangereuses sont ventilées hors du bâtiment afin de protéger les artistes comme les clients et les mécènes.

De studio's bieden de kunstenaars enorm veel flexibiliteit. Er zijn wandcontactdozen bevestigd op de vloer, de muren en aan het plafond. Het licht kan worden aangepast, van verstrooid tot fluorescerend, afhankelijk van de behoeften van de kunstenaar. Gevaarlijke dampen worden afgezogen.

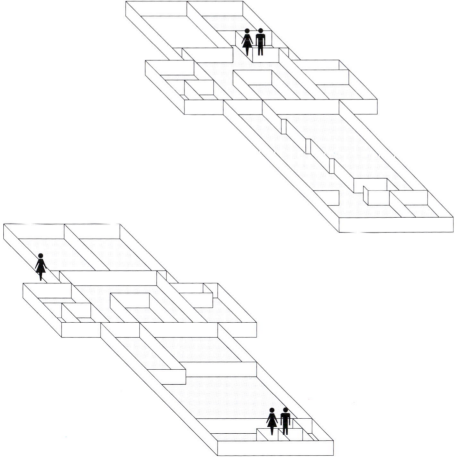

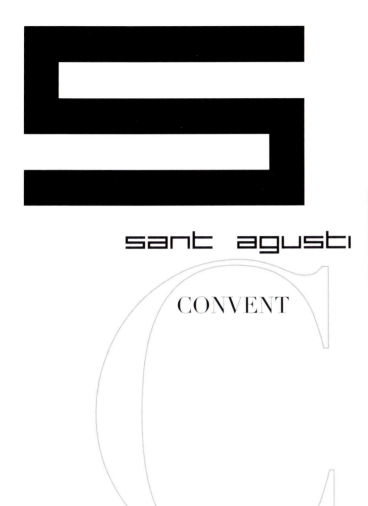

sant agusti CONVENT

Architect: Foment Ciutat Vella, Antoni de Moragas
Location: Barcelona, Spain

The space of the Sant Agusti Convent, which houses a cultural centre, classrooms and part of the museum of chocolate, consists of three different religious buildings dating from the 15th century, the foremost being the church of Sant Agusti. The project has evolved through various programs which have restored the original structure and have also included the addition of new elements. In previous phases the only Gothic wing of the cloisters was preserved and the old artificial constructions were demolished. This wing is one of the main axes of the complex which links the Plaza de la Academia with Carrer del Comerç.

L'espace du Couvent de Sant Agusti, qui abrite un centre culturel, des classes et une partie du musée du chocolat, est constitué de trois bâtiments religieux différents datant du XVème siècle. Le plus important des trois est l'église Sant Agusti. Le projet a évolué au gré des nombreuses phases qui ont servi à restaurer la structure d'origine et à ajouter de nouveaux éléments. Lors de phases antérieures, seule l'aile gothique des cloîtres a été conservée tandis que les anciennes constructions artificielles ont été démolies. Cette aile est l'un des axes principaux qui relient la Plaza de la Academia avec la Carrer del Comerç.

Het Sant Agusti klooster bestaat uit drie verschillende kloostergebouwen uit de vijftiende eeuw, en biedt tegenwoordig onderdak aan een cultureel centrum, een aantal klaslokalen en een gedeelte van een chocolademuseum. Het project heeft meerdere stadia doorlopen die de kerk in originele staat hebben hersteld en nieuwe elementen hebben toegevoegd. In voorgaande fases werd alleen de gotische vleugel van de kloosters bewaard en werden de oude, nagemaakte constructies afgebroken. Deze vleugel vormt de spil van het complex en verbindt de Plaza de la Academia met Carrer del Comerç.

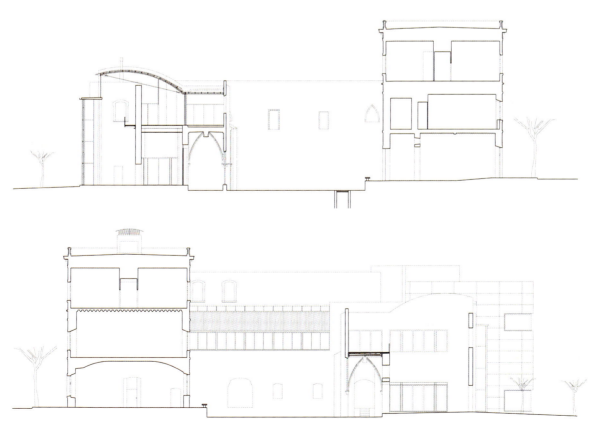

During the last phase of the project the drainage system was overhauled as was the illumination of the cloisters which enhances the special characteristics of the space, given its use as a stage for diverse shows and scenic arts. James Turrell designed the illumination of the Carrer del Comerç entrance, which has become the hallmark of the Sant Agusti convent.

Durant la dernière phase du projet, le système d'évacuation des eaux a été modernisé, de même que l'éclairage des cloîtres, renforçant ainsi les caractéristiques de cet espace utilisé comme scène pour divers spectacles. James Turrell a conçu l'éclairage de l'entrée de la Carrer del Comerç qui est devenu emblématique du Couvent de Sant Agusti.

Tijdens de laatste fase van het project werd het afvoersysteem onder handen genomen, net als de verlichting in het klooster, die nu de karakteristieke aspecten van de ruimte benadrukt en van de ruimte een plek heeft gemaakt waar toneelvoorstellingen uitstekend tot hun recht komen. James Turrell ontwierp de verlichting van de ingang aan de Carrer del Comerç, die symbool is gaan staan voor het hele Sant Agusti klooster.

art

artist's loft

CHURCH

Interior Design: Eric Willadsen

Location: Atlanta GA, United States of America

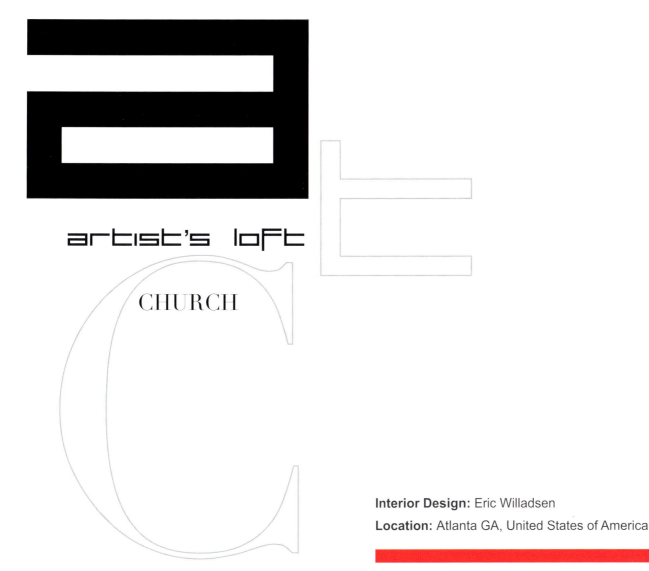

This former church was converted into an extraordinary three bedroom, two bath, artist's loft and residence. The Romanesque revival-style structure is one of the most ornamental primitive baptist churches in the country and boasts two feet thick solid granite exterior walls and an original slate roof. The building underwent a total rehabilitation and renovation from 1990 to 1995, orchestrated by the designer and owner, Eric Willadsen. Careful consideration was given to reveal and enhance the original structure built in 1907, prior to an expansion in the 1930's. Willadsen redefined the original 1907 sanctuary to be one expansive open space, which is now the Main Hall.

Cette ancienne église a été convertie en résidence et atelier d'artiste comprenant trois chambres et deux salles de bain. La structure de style néo-romanesque fait de cette église baptiste l'une des plus ornementales du pays, avec des murs extérieurs en granite, épais de presque soixante centimètres, ainsi que d'un toit d'origine en ardoise. L'édifice a été totalement réhabilité de 1990 à 1995 par le designer et propriétaire Eric Willadsen. Un soin particulier a été apporté à la structure d'origine construite en 1907, antérieurement à l'agrandissement réalisé dans les années 1930. Willadsen a redéfini le sanctuaire original de 1907 pour en faire un vaste espace ouvert, aujourd'hui le Main Hall.

Deze voormalige kerk werd veranderd in een kunstenaarsatelier en -residentie met drie slaapkamers en twee badkamers. De neoromantische structuur maakt van deze baptistenkerk een van de meest versierde van Engeland. Het gebouw heeft 60 cm dikke granieten buitenmuren en een origineel leien dak. Het gebouw onderging van 1990 tot 1995 een totale renovatie, onder leiding van ontwerper en eigenaar Eric Willadsen. Er werd rekening gehouden met de originele bouw van 1907, vóór een uitbreiding in de jaren 1930. Willadsen maakte van de gewijde plek uit 1907 een open ruimte, de Main Hall.

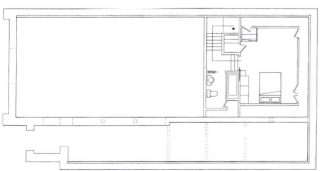

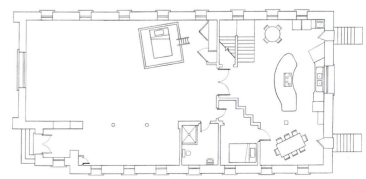

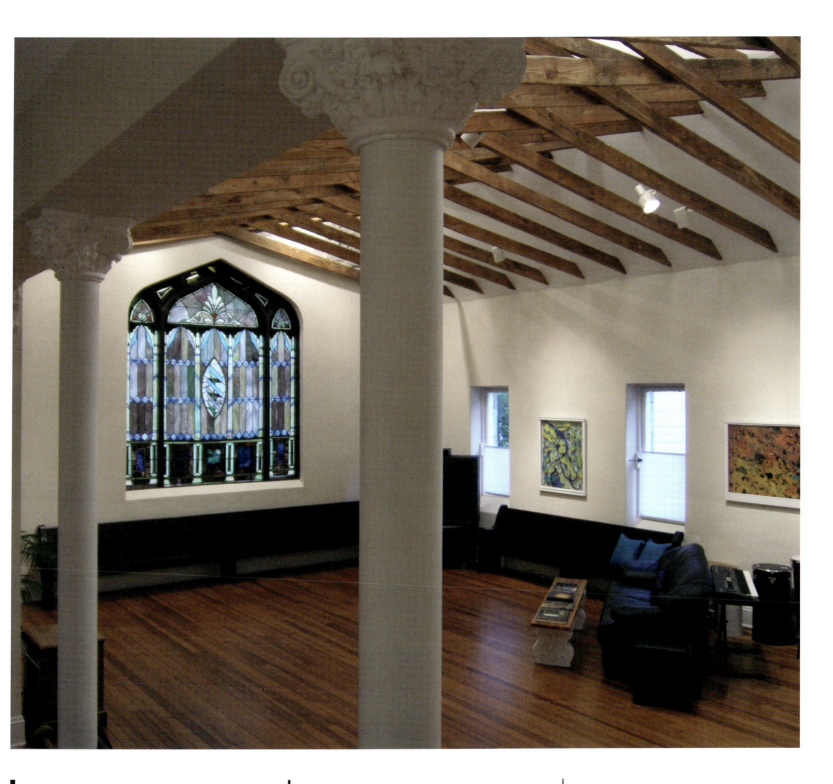

The low ceiling was removed to reveal scissor trusses hidden in the attic. These soaring heart-pine trusses now help frame the gorgeous original stained glass window. This jewel-like window illuminates the room with soft prismatic colors that wash across the sumptuous heart-pine floors and ivory walls in a slow motion dance.

Le plafond bas fut retiré afin de révéler l'armature de poutres cachée dans les mansardes. Ces poutres en bois de pin encadrent les sublimes vitraux d'origine. Ces vitraux, tels des joyaux, baignent la pièce de douces couleurs prismatiques, caressant le somptueux parquet de pin et les murs en ivoire, comme dans un lent mouvement de danse.

Toen het plafond was verwijderd, kwamen de schaardakspanten tevoorschijn. De spanten omlijsten nu het prachtige originele gebrand-schilderde raam, dat de ruimte verlicht met zachte prisma-achtige kleuren. Deze dansen over de prachtige houten vloeren en ivoorwitte muren.

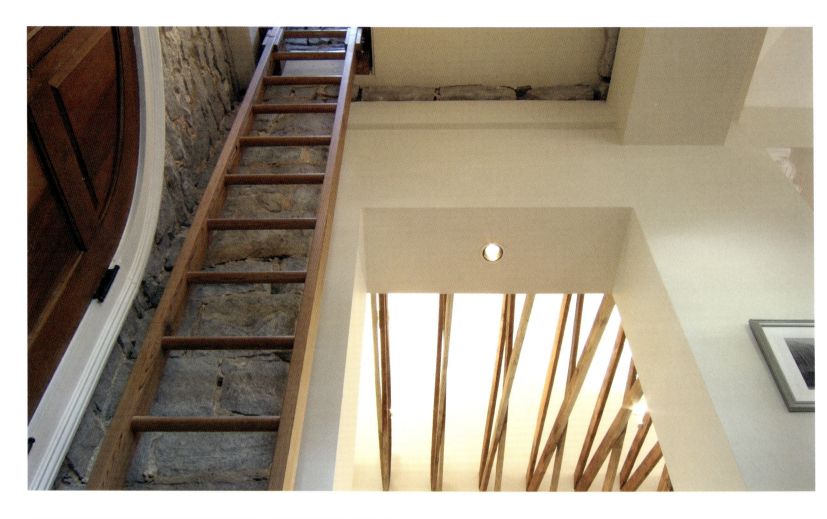

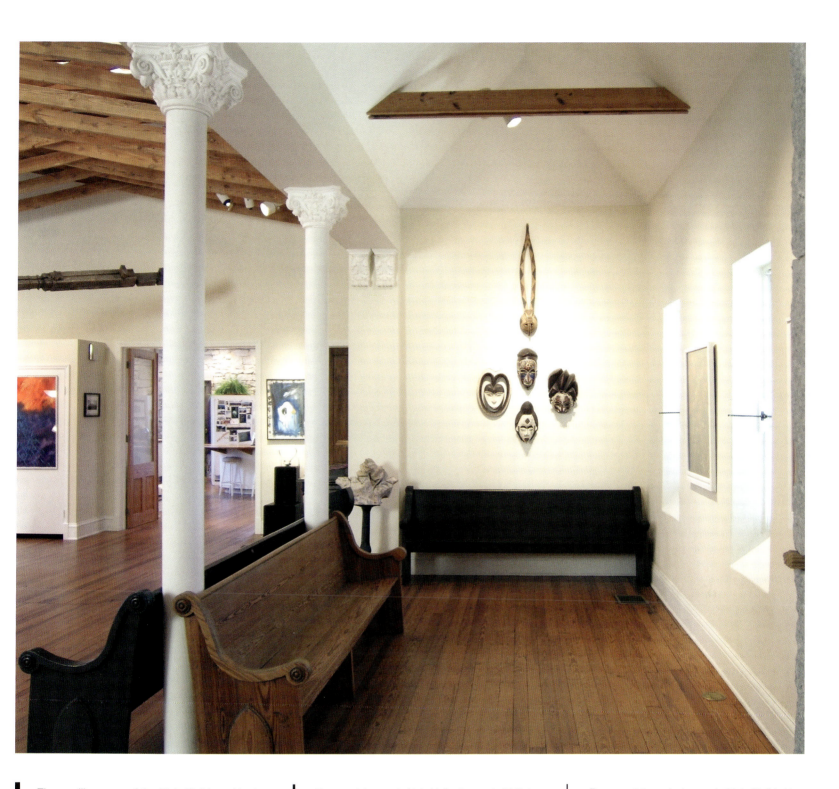

The zen-like space of the Main Hall is an ideal setting for showcasing some of the artwork Willadsen created. Inspired by the quality of the new space and the light from the stained glass window in the Main Hall, he took up glass painting as his latest artform.

L'espace très zen du Main Hall est un endroit idéal pour l'exposition de quelques-unes des œuvres d'art créées par Willadsen. Inspiré par la qualité de ce nouvel espace et par la lumière des vitraux du Main Hall, il a choisi la peinture sur verre comme dernière expression de son art.

De zenachtige ruimte van de Main Hall is ideaal voor het tonen van Willadsens kunstwerken. Geïnspireerd door de nieuwe ruimte en het nieuwe licht dat door het gebrandschilderde raam komt, begon hij met schilderen op glas.

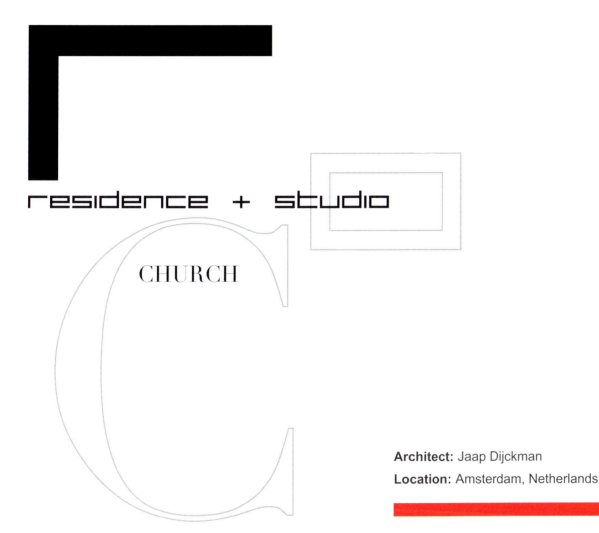

residence + studio

CHURCH

Architect: Jaap Dijckman
Location: Amsterdam, Netherlands

Thanks to close collaboration with the architect Jaap Dijkman, the immense area of the former Pro Rege Chapel was converted into a fantastic space in which to live and work. In the front part of the church, formerly the deacons' and district nurses' sections, are now the offices and design studio of the 'Imps & Elfs' baby and children's company. The rear part, formerly a toddlers' playroom, now contains the bathroom and bedrooms. The enormous chapel space is perfect for cooking, relaxing, reading and entertaining, every aspect of a pleasant life.

Grâce à la collaboration de l'architecte Jaap Dijkman, l'immense espace de l'ancienne Chapelle Royale fut reconverti en un espace de vie et de travail. Dans la partie avant de l'église, espace anciennement réservé aux diacres et aux infirmières, se trouvent maintenant les bureaux et l'atelier de design de la société de vêtements pour enfants « Imps & Elfs ». La partie arrière, auparavant espace de jeux pour enfants, abrite désormais la salle de bain et les chambres à coucher. L'espace de la chapelle s'est révélé être idéal pour cuisiner, se détendre, lire et jouer, bref pour tous les aspects plaisants de la vie.

In nauwe samenwerking met architect Jaap Dijkman werd de enorme ruimte van de voormalig 'Pro Rege kapel' veranderd in een fantastische ruimte waarin kan worden geleefd en gewerkt. In het voorste gedeelte van de kerk, voorheen de afdeling van de diaken en wijkverpleegkundigen, bevinden zich nu de kantoren en de ontwerpstudio van baby- en kinderkledinglabel 'Imps & Elfs'. Het achterste gedeelte, voorheen een speelruimte voor kinderen, bevat nu de badkamer en slaapkamers. De enorme kapelruimte is perfect voor koken, ontspannen, lezen en spelen, dus elk aspect van een plezierig leven.

The structure of the church has been preserved. Notable features are the large arch with a motto and the round windows under the ridge. A mezzanine has been built above the kitchen, across the whole width of the façade. This gives the kitchen a practical intimacy and breaks up the tremendous height.

La structure de l'église a été préservée. Un grand arc portant une devise, ainsi que des fenêtres rondes sous la voûte d'arête sont quelques-unes des caractéristiques remarquables de cette structure. Une mezzanine surplombant la cuisine et faisant toute la largeur de la façade a été rajoutée lui donnant une intimité pratique cassant ainsi l'immense hauteur de plafond.

De structuur van de kerk is behouden gebleven. Kenmerkend zijn de grote boog met een devies en de ronde ramen. Boven de keuken is een entresol aangebracht over de ganse breedte van de gevel, wat de keuken intimiteit geeft en de overweldigende hoogte breekt.

The dark mahogany of the old pews has been reused not only in the kitchen but also in the bathroom.

L'acajou sombre des anciens bancs d'église a été réutilisé non seulement dans la cuisine, mais aussi dans la salle de bain.

Het donkere mahonie van de kerkbanken komt terug in de keuken en de badkamer.

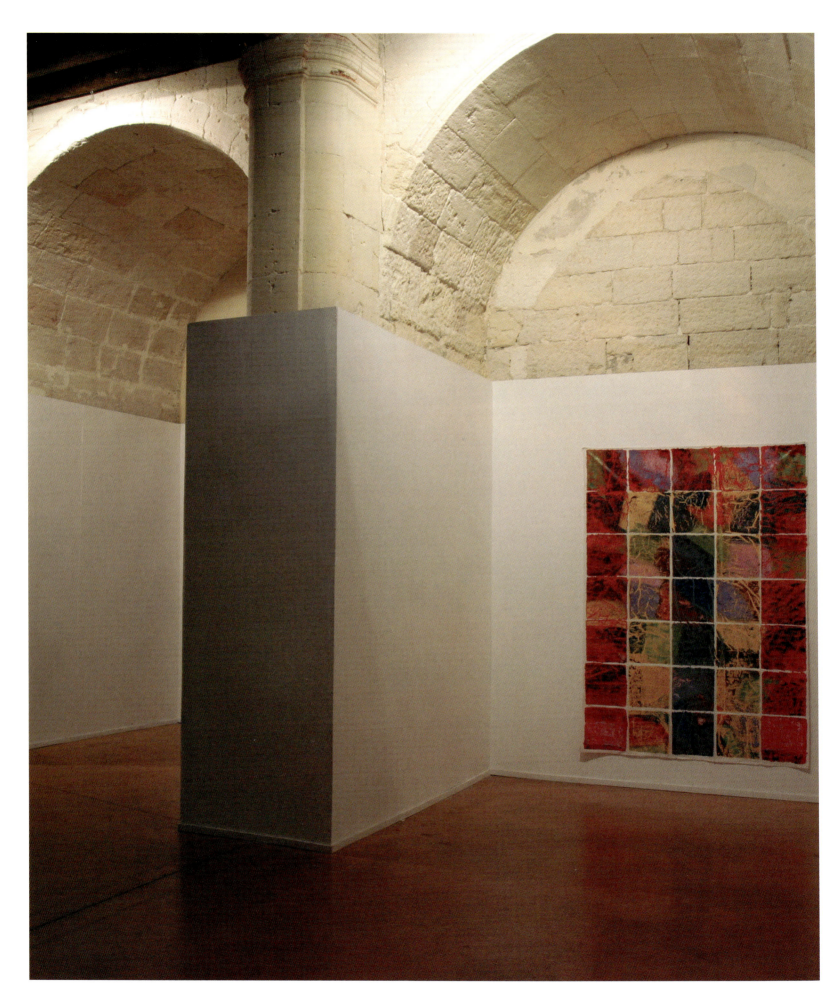

saint-martin de mejan

CHURCH

Location: Arlès, France

Founded in 1984 by Jean-Paul Capitani, Françoise and Hubert Nyssen, the Méjan Association has set up its summer and winter headquarters in the beautiful and intimate Chapel Saint Martin du Méjan, in Arlès with exceptional acoustics. Originally of roman style (its cloister was rebuilt in the 16th century and the rest of the building in 1635), the parish was destroyed during the revolution and sold as a national good. At present, it is devoted to holding events such as concerts, lectures, and exhibitions, which have welcomed during the last 20 years a great number of musicians, painters, sculptors, photographers, dancers, writers and comedians.

Créée en 1984 par Jean-Paul Capitani et Françoise et Hubert Nyssen, l'Association du Méjan s'est installée dans ce beau lieu intimiste qu'est la chapelle Saint-Martin du Méjan, à Arles, à l'acoustique exceptionnelle. Église romane (son clocher fut reconstruit au XVIème siècle, le reste du bâtiment en 1635), cette paroisse fut supprimée à la Révolution et vendue comme bien national. C'est aujourd'hui un lieu de concerts, de lectures, d'expositions qui, au cours de ces dernières années, a accueilli de nombreux artistes.

De Association du Méjan, in 1984 opgericht door Jean-Paul Capitani, Françoise en Hubert Nyssen, heeft haar zomer en winterhoofdkwartier ingericht in Saint-Martin de Méjan, een prachtige en intieme kapel in Arles met een bijzondere akoestiek. De kerk was oorspronkelijk gebouwd in romaanse stijl (het klooster werd herbouwd in de zestiende eeuw en de rest van het gebouw in 1635), maar de parochie werd tijdens de revolutie opgeheven en verkocht als nationaal eigendom. Tegenwoordig worden er evenementen georganiseerd zoals concerten, lezingen en exposities. De afgelopen twintig jaar hebben veel muzikanten, schilders, beeldhouwers, fotografen, dansers, schrijvers en cabaretiers van de ruimte gebruikgemaakt.

Visual Arts also play an important role in the centre's exhibitions throughout the year, and in the summers it partners with Rencontres internationales de la photographie.

Les arts visuels tiennent également une place importante dans la programmation avec des expositions tout au long de l'année, et l'été en partenariat avec les Rencontres internationales de la photographie.

De visuele kunsten spelen een grote rol in alle exposities van het centrum. In de zomer werkt het centrum samen met Rencontres internationales de la photographie.

Every year this cultural centre organizes various festivals such as les Matinées and Soirées Musicales d'Arles and la Semaine Sainte d'Arlès (a festival of sacred and baroque music).

Chaque année ce centre culturel organise divers festivals tels que les Matinées et Soirées musicales d'Arles, la Semaine Sainte en Arles (festival de musiques sacrée et baroque), Jazz in Arles et les Lectures en Arles.

Elk jaar organiseert dit culturele centrum verschillende festivals, zoals les Matinées en Soirées Musicales d'Arlès en la Semaine Sainte d'Arlès (een festival met religieuze muziek en barokmuziek).

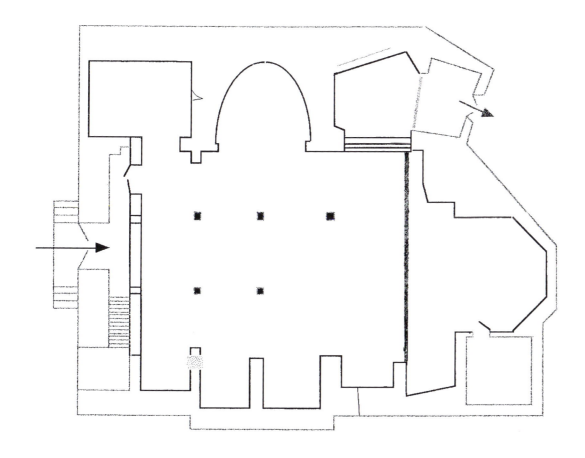

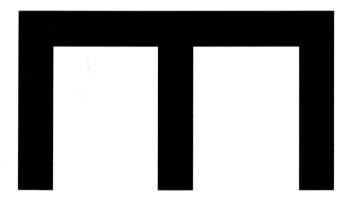

michaelhouse

CHURCH

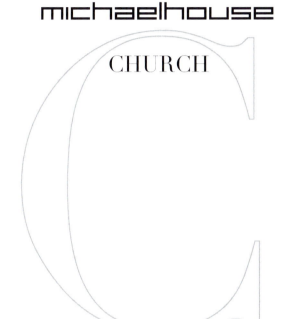

Architect: Shona R.McKay - Archimage Architects
Location: Cambridge, United Kingdom

St Michael's church was built in 1327 and was originally a parish church and a chapel for two colleges: Michaelhouse and Gonville Hall. By 1995 the building had fallen into poor repair. It took seven years to achieve the relevant permissions for restoration and a year to complete the work. It was completed in 2002 and the centre was named Michaelhouse after the historic college. Today it provides under one roof an active weekday church, a flourishing community centre with a renowned local gallery and an award winning café located in the nave. At night and on weekends the nave floor area can be cleared for lectures, wedding receptions and so on.

L'église St Michael fut construite en 1327 et était à l'origine une église paroissiale et une chapelle pour deux universités : Michaelhouse et Gonville Hall. En 1995, le bâtiment était en très mauvais état. Il aura fallut sept ans pour obtenir les permissions officielles pour sa restauration et une année supplémentaire pour achever les travaux. Tout a été terminé en 2002 et le centre renommé Michaelhouse d'après l'université historique. Il fournit aujourd'hui un lieu de culte actif, un centre communautaire florissant et un café, situé dans la nef, qui a été récompensé par un prix. Le soir et les week-ends, la zone de la nef peut être dégagée pour accueillir des conférences, des réceptions de mariage, etc.

St. Michael's Church werd gebouwd in 1327 en diende oorspronkelijk als parochiekerk en kapel voor twee universiteiten: Michaelhouse en Gonville Hall. In 1995 verkeerde het gebouw in slechte staat. Het duurde zeven jaar voordat alle vergunningen voor de restauratie geregeld waren, en één jaar om de renovatie uit te voeren. In 2002 waren alle werkzaamheden voltooid en werd het centrum Michaelhouse genoemd, naar de historische universiteit. Tegenwoordig bevinden zich onder hetzelfde dak een kerk waar op werkdagen missen plaatsvinden, een befaamde galerie en een bekroond café, gevestigd in het schip. 's Avonds en in het weekend kunnen in het schip lezingen en recepties worden gehouden.

The 1960's brickwork was removed from the chancel arch and both tower arches to give visual continuity throughout the building. A new glazed chancel screen provides heat separation while presenting a magnificent view throughout the ground floor.

Le briquetage datant des années 1960 a été retiré de l'arc du choeur et des deux arcs soutenant la tour afin d'obtenir une continuité visuelle d'un bout à l'autre du bâtiment. Un nouvel écran de verre installé dans le choeur fournit une isolation thermique tout en offrant au niveau du sol une vue magnifique de l'église dans son entier.

De bakstenen uit de jaren zestig werden uit het koor en de beide torenbogen zijn verwijderd om het gebouw visueel tot een eenheid te maken. Een nieuwe glazen wand in het koor werkt warmte - isolerend en biedt een prachtig uitzicht.

Along the north aisle, where there are offices on a mezzanine floor, several medieval features can be seen: carved roof bosses which otherwise were barely visible, stencilled pillars and beautiful stained glass windows.

L'aile nord, le long de laquelle court une mezzanine où se situent les bureaux, présente plusieurs caractéristiques médiévales pouvant être admirées : les décorations sculptées à l'intersection des voûtes qui autrement seraient à peine visibles, des piliers peints et de superbes vitraux.

Langs het noordelijke gangpad, waar zich kantoorruimtes op een tussenverdieping bevinden, zijn verscheidene middeleeuwse elementen te zien: gebeeldhouwde rozetten die anders aan het zicht onttrokken zouden zijn geweest, gesjabloneerde pilaren en prachtige gebrandschilderde ramen.

The south aisle, adjacent to the chancel, has been reorganised to provide an access platform and new staircase to the Montefiore meeting room where the stencilled arch and stained glass window (facing it) are constant reminders of the magnificence of this beautiful building.

L'aile sud, adjacente au chœur, a été réorganisée pour fournir une plateforme et un nouvel escalier menant à la salle de réunion Montefiore où les piliers peints et les vitraux (qui lui font face) sont des rappels permanents de la splendeur de ce beau bâtiment.

Het zuidelijke gangpad naast het koor is opnieuw ingericht om plaats te maken voor een toegangsplatform en een trap die leidt naar de Montefiore ontmoetingsruimte, waar de gesjabloneerde boog en het glas-in-loodraam (aan de overkant) je steeds herinneren aan de schoonheid van het gebouw.

The reredos stands at the east end of the chancel behind the altar. It provides a perfect backdrop to this Chapel where weddings and baptisms as well as eucharists are held. The icon and candlestand add beauty and atmosphere to the chancel and create an inviting welcome.

Le retable se trouve dans la partie est du chœur, derrière l'autel. Il fournit une parfaite toile de fond à cette chapelle où sont célébrés des mariages, des baptêmes ainsi que l'Eucharistie. L'icône et le porte-cierge confère encore plus de beauté au chœur et crée une ambiance accueillante.

Het altaarstuk staat in het oostelijke uiteinde van het koor. Het vormt de perfecte achtergrond voor deze kapel, waar bruiloften, doopplechtigheden en eucharistievieringen worden gehouden. De icoon en de kandelaar dragen bij aan de sfeer en geven de bezoekers een welkom gevoel.

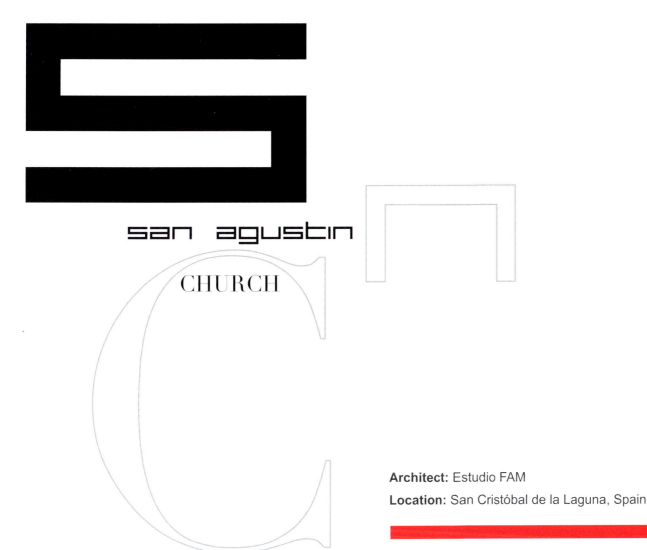

san agustin

CHURCH

Architect: Estudio FAM

Location: San Cristóbal de la Laguna, Spain

The intervention in the ruins and surrounding area of the San Agustin church proves a unique opportunity to breathe life back into one of the most important historic enclaves of the old part of La Laguna town. The proposal respects the previous restoration work in the area which contained the old convent of San Agustin. It does not surrender the great space of the church to intermittent use, such as for the conference and congress rooms which are situated in the patio of least historic importance. This enables the presently concealed space to be emphasised in harmony with the covered areas; one of the four important points of the program.

L'intervention sur les ruines et sur la zone entourant l'église San Augustin, se révèle être une opportunité unique de réinsuffler la vie dans une des enclaves historiques les plus importantes de la ville de La Laguna. Le projet respecte les précédents travaux de restauration de la zone. Il a pour objectif de ne pas abandonner l'espace de l'église à une utilisation intermittente, comme c'est le cas pour les salles de congrès et de conférences se situant dans une cour de moindre importance historique. Cela permet de mettre en valeur les espaces actuellement dissimulés aux regards, en harmonie avec les zones couvertes ; cette mise en valeur constitue l'un des quatre points importants du programme.

De verbouwing van de ruïnes en het terrein van de San Augustin kerk blijkt een uitgelezen kans om een van de historische enclaves van het oude deel van La Laguna nieuw leven in te blazen. Het wordt gedaan met respect voor het eerdere restauratiewerk in de omgeving, waaronder ook het oude klooster van San Augustin. De grootste ruimte in de kerk wordt niet opgeofferd voor multifunctionele activiteiten; zo zijn de conferentie- en congreszaal gesitueerd in de patio, die historisch gezien minder belangrijk is. Op deze manier wordt het harmonische aspect van de verborgen ruimte met de overdekte delen benadrukt, waardoor tegemoetgekomen wordt aan een van de vier belangrijke programmapunten.

The FAM architects studio proposes four strategic points which involve ideas for a greater number of people to use the spaces - the mediateca space, the art school space, the café-shop space, and the conference space - and the unification of the whole complex. The area for tender is presented as a single unit which offers permanent and continuous activity for the town as well as special uses such as conferences and seminars for large numbers of people.

Le FAM Architects Studio propose quatre objectifs stratégiques pour que le plus grand nombre de personnes puisse utiliser ces espaces – l'espace médiatheque, l'espace école d'art, l'espace cafe-boutique et l'espace de conférence – et pour que le complexe soit rendu homogène dans son ensemble. Cet espace à réaliser est présenté comme un seul ensemble qui propose en permanence des activités à la ville aussi bien que des utilisations plus spécifiques comme des conférences et des séminaires pour un grand nombre de personnes.

Het FAM-architectenbureau komt met vier strategische punten die het mogelijk maken dat meer mensen gebruikmaken van de ruimtes: De mediatheek, de creatieve ruimte, de cafetaria en de conferentieruimte. Er is een aparte ruimte waar de buurtbewoners altijd terecht kunnen en waar seminars en conferenties voor grote aantallen mensen gehouden kunnen worden.

terraza comedor

zona trabajo

oficinas

+0.25

CALLE SAN AGUSTÍN

FAM proposes a MEDIATECA space as the main generator of activity which solves the problems of the lack of cultural information, investigation, and the use of audiovisual media on a local level. It also covers the needs of the inhabitants of La Laguna and Santa Cruz de Tenerife by serving as a place dedicated to culture, where through activities organised by the management of the centre, the sensory needs of seeing, listening, reading and speaking are well satisfied.

FAM propose, comme moteur principal d'activités, un Espace MEDIATHEQUE qui résoudrait le problème de l'insuffisance, au niveau local, des informations culturelles, des recherches et de l'utilisation des outils multimédias. Comme espace dédié à la culture, il couvrirait ainsi les besoins des habitants de La Laguna et de Santa Cruz de Tenerife. A travers les activités organisées par la direction du centre, les besoins sensoriels de la vue, de l'écoute, de la lecture et de la communication verbale seront comblés.

FAM stelt een mediatheek voor om tegemoet te komen aan de behoefte van buurtbewoners aan informatie, audiovisuele media en onderzoek. Het bestuur van het centrum organiseert activiteiten die voorzien in de behoeften van de bewoners van La Laguna en Santa Cruz de Tenerife om te luisteren, kijken, lezen en spreken.

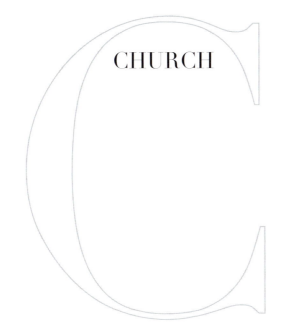
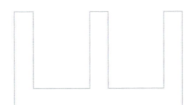

st. paul's bow

CHURCH

Architect: Matthew Lloyd Architects LLP
Location: London, United Kingdom

The primary aim of the project was to rejuvenate a somewhat dilapidated and under used church in East London. At the centre of the proposals was the absolute requirement to retain the existing chancel and function as a church. The project also sought to redefine how the church could continue to survive and serve a relatively disadvantaged and mixed faith community. In addition to retaining the worship space at the heart of the building, the brief involved assembling a series of partners to introduce relevant community functions into the building.

L'objectif principal du projet était de rajeunir une église de l'Est londonien quelque peu délabrée et sous-exploitée. Le coeur du projet était constitué par l'exigence absolue de conserver le choeur existant et sa fonction d'église. Le projet cherchait aussi à redéfinir comment l'église pouvait continuer à survivre et à servir une communauté de croyants mélangée et relativement défavorisée. En plus de conserver le lieu de culte au coeur du bâtiment, le projet prévoit de réunir un ensemble de partenaires afin de mettre en place des services communautaires importants au sein du bâtiment.

Het voornaamste doel van dit project was om de vervallen en weinig gebruikte kerk in oost-Londen nieuw leven in te blazen. Een van de belangrijkste vereisten was dat het koor en de functie van kerk behouden zouden blijven. Men moest onderzoeken hoe de kerk kon blijven voortbestaan en van nut kon zijn voor de kansarme gemeenschap, die bestond uit veel verschillende religies. Naast het behouden van de gebedsruimte in het hart van het gebouw, werd in een opdracht verordonneerd dat een aantal partners relevante functies in het gebouw introduceerden.

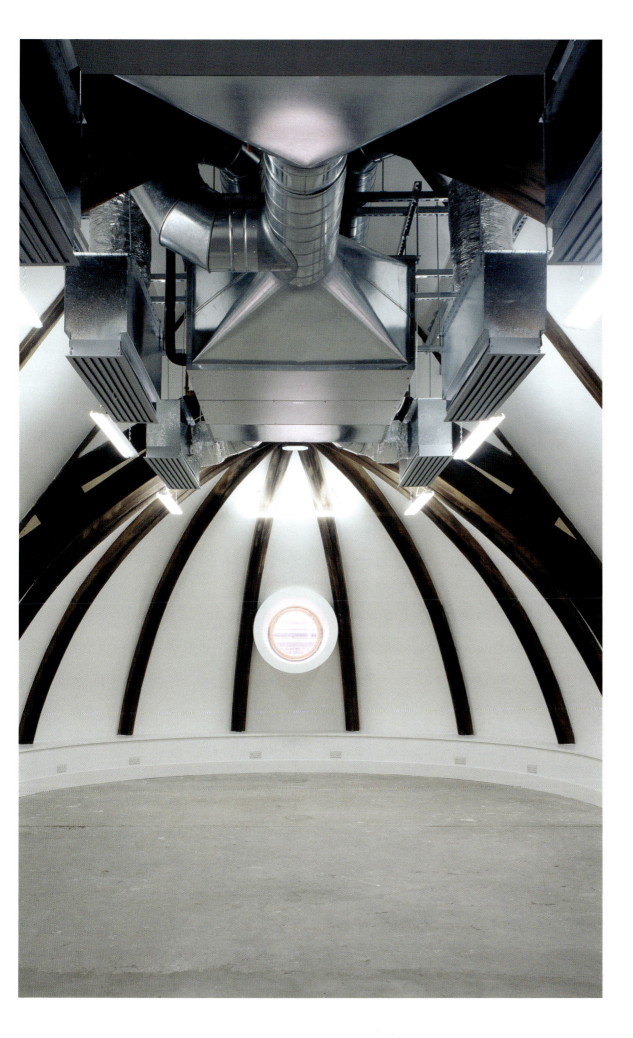

The architectural solution was to build a four storey steel framed building in the west end of the church from which projects a structure high over the nave to house the large art gallery above. This structure, which has become known as 'the ark', is timber clad and stands on cranked steel columns straddling the nave.

La solution architecturale était de construire un bâtiment en acier de quatre niveaux à la limite ouest de l'église duquel dépasse une structure élevée surplombant la nef et qui accueille une grande galerie d'art au-dessus. Cette structure, aujourd'hui connue comme « l'arche », est recouverte de bois et se tient sur des piliers d'acier qui enjambent le chœur.

De architectonische oplossing bestaat uit een stalen frame van vier verdiepingen aan de westkant van de kerk, van waaruit een constructie over het schip steekt waar zich de kunstgalerie bevindt. Deze met hout beklede constructie staat bekend als 'de ark' en staat op gebogen stalen zuilen aan weerskanten van het schip.

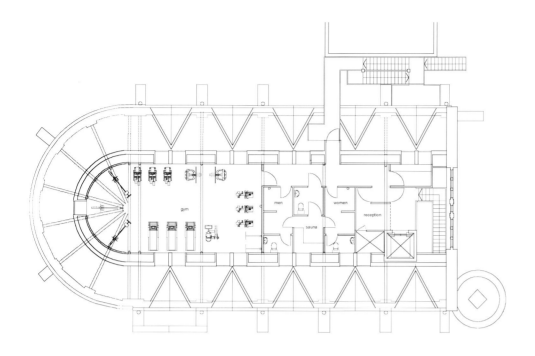

The final brief created church worship space, a crèche, a community hall, an art gallery, a café, meeting rooms, therapy rooms and a gym with a particular emphasis on people with impaired mobility.

Le projet final a ainsi créé un lieu de culte, une crèche, un centre communautaire, une galerie d'art, un café, des salles de réunion, un cabinet thérapeutique et une salle de sport principalement destinée aux personnes à mobilité réduite.

Uiteindelijk er werd een gebedsruimte gecreëerd, een crèche, een wijkcentrum, een kunstgalerie, een café, ontmoetingsruimtes, therapieruimtes en een sportschool, speciaal voor mensen met een lichamelijke beperking.

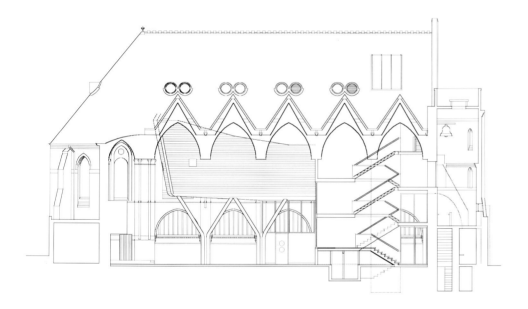

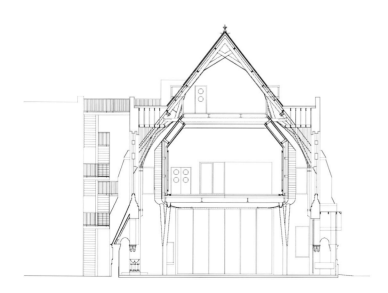

john m. keating
CHURCH

Architect: Shaffrey Associates
Location: Dublin, Ireland

The former St. Mary's Church of Ireland is one of the earliest examples of a galleried church in Dublin. Built at the beginning of the 18th century, it boasts many outstanding features, such as the Renatus Harris built organ and spectacular stained glass window. It was purchased by John Keating in 1997. Following extensive restoration over a seven year period, this building finally reopened its doors in 2005. More recently, the tasteful conversion and refurbishment of this Dublin landmark was acknowledged at the Dublin City Neighbourhood Awards 2006, where Keating's won first prize in the category of Best Old Building.

L'ancienne église Sainte Marie d'Irlande est l'un des premiers exemples à Dublin d'église avec galeries. Construite au début du XVIIIème siècle, elle peut s'enorgueillir de plusieurs caractéristiques remarquables, comme l'orgue conçu par Renatus Harris, ainsi que des vitraux spectaculaires. Elle fut rachetée en 1997 par John Keating. Après une vaste rénovation de sept ans, l'édifice a finalement réouvert ses portes en 2005. Récemment, la reconversion de ce monument de Dublin, a été remarquée aux Dublin City Neighbourhood Awards de 2006, où Keating a gagné le premier prix de « Meilleure réhabilitation d'un bâtiment ancien ».

De voormalige St. Mary's Church van Ierland is een van de vroegste voorbeelden van een kerk met galerijen in Dublin. De kerk is gebouwd in het begin van de achttiende eeuw en heeft veel specifieke kenmerken, zoals het door Renatus Harris gebouwde orgel en het prachtige gebrandschilderde raam. In 1997 kocht John Keating de kerk. In 2005, na een intensieve verbouwing die zeven jaar duurde, werd het gebouw opnieuw opengesteld. Niet zo lang geleden kreeg dit monument in Dublin, na een smaakvolle herinrichting en opknapbeurt, de Dublin City Neighbourhood Award 2006, in de categorie 'Het mooiste oude gebouw'.

The Minister for Arts, Heritage, Gaeltacht and the Islands has classified the building as one of instrinsic historical interest.

Le Ministre des Arts, du Patrimoine, du « Gaeltacht » et des Iles, a classé l'édifice comme présentant un intérêt historique intrinsèque.

Het gebouw is geclassificeerd als van intrinsieke historische waarde.

Overlooking the spectacular stained glass window, the main bar is on the ground floor.

Surplombé par un spectaculaire vitrail, on trouve au rez-de-chaussée le bar principal.

De main bar op de begane grond biedt een prachtig zicht op het spectaculaire gebrandschilderde raam.

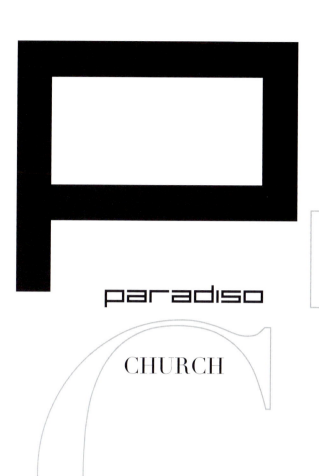

paradiso

CHURCH

Architect: Eric Hulstein - Studio d'Architectura,

Dirk Zuiderveld - Studio AI

Location: Amsterdam, Netherlands

Since 1968, the Paradiso Concert Hall has been housed in this building, commissioned by the Humanitarian Church in 1879. The building is a typical example of the 19th century architecture, characterized by the use of cast iron elements in its construction. The architecture is austere with no overt religious symbolism. Those who use the building today have preserved as much of the character of the hall and the exterior as possible. The changes made were dictated by the technical infrastructure required for the concerts. The stained glass has been replaced by new designs by modern artists.

Depuis 1968, le Paradiso Concert Hall est hébergé dans ce bâtiment, commandité par l'Eglise Luthérienne en 1879. C'est un exemple typique de l'architecture du XIXème siècle, caractérisée par l'utilisation d'éléments en fonte. L'architecture est austère et sans symbolisme religieux manifeste. Dans sa nouvelle fonction, le caractère du vestibule et de l'extérieur a été préservé autant que possible. Les changements ont été dictés par les exigences techniques des infrastructures nécessaires à la production de concerts. Les vitraux anciens ont été remplacés par des projets d'artistes modernes.

Sinds 1968 bevindt zich in dit gebouw, dat in 1879 gebouwd werd in opdracht van de Humanitarian Church, de Paradiso Concert Hall. Het gebouw is een typisch voorbeeld van negentiende-eeuwse architectuur en wordt gekarakteriseerd door giet-ijzeren elementen in de constructie. De architectuur van het gebouw is streng en bevat geen duidelijke religieuze symbolen. Het uiterlijk van de zaal en de buitenkant zijn zoveel mogelijk behouden. De veranderingen die zijn aangebracht waren nodig om het gebouw geschikt te maken voor concerten. De originele glas-in-loodramen zijn vervangen door ontwerpen van moderne kunstenaars.

The attraction of the concert hall is – in spite of its limited capacity – due to the successful preservation of the building's historic character.

L'attraction qu'exerce cette salle de concert – malgré sa capacité d'accueil réduite – est due à la préservation réussie du caractère historique du bâtiment.

De aantrekkingskracht van de concertzaal is - ondanks haar beperkte capaciteit - mede te danken aan het succesvol behouden historische karakter van het gebouw.

The mainstay of Paradiso's programmes is pop music. With its 800 concerts each year, the cultural centre is a leading light both in the Netherlands and further afield. Big names including The Rolling Stones, David Bowie, Prince, the Sex Pistols, Robbie Williams and James Brown have all performed in the Paradiso.

La programmation du Paradiso est essentiellement dédiée à la pop music. Avec ses 800 concerts par an, ce centre culturel est une figure de proue de la vie culturelle des Pays-Bas, mais aussi des pays voisins. De grands noms, notamment les Rolling Stones, David Bowie, Prince, les Sex Pistols, Robbie Williams et James Brown, se sont produits ici.

De kern van de programmering van Paradiso is popmuziek. Met ca 800 concerten per jaar is het cultureel centrum toonaangevend in Nederland maar ook ver daar buiten. Grote namen als The Rolling Stones, David Bowie, Prince, Sex Pistols, Robbie Williams en James Brown hebben in Paradiso opgetreden.

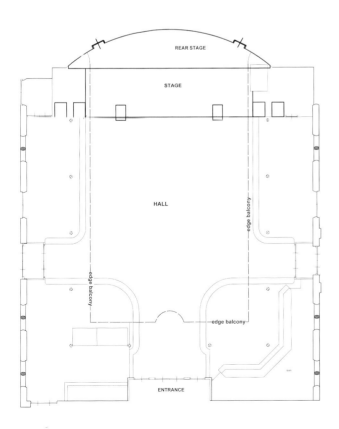

REAR STAGE

STAGE

HALL

edge balcony

edge balcony

edge balcony

ENTRANCE

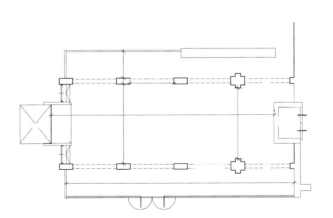

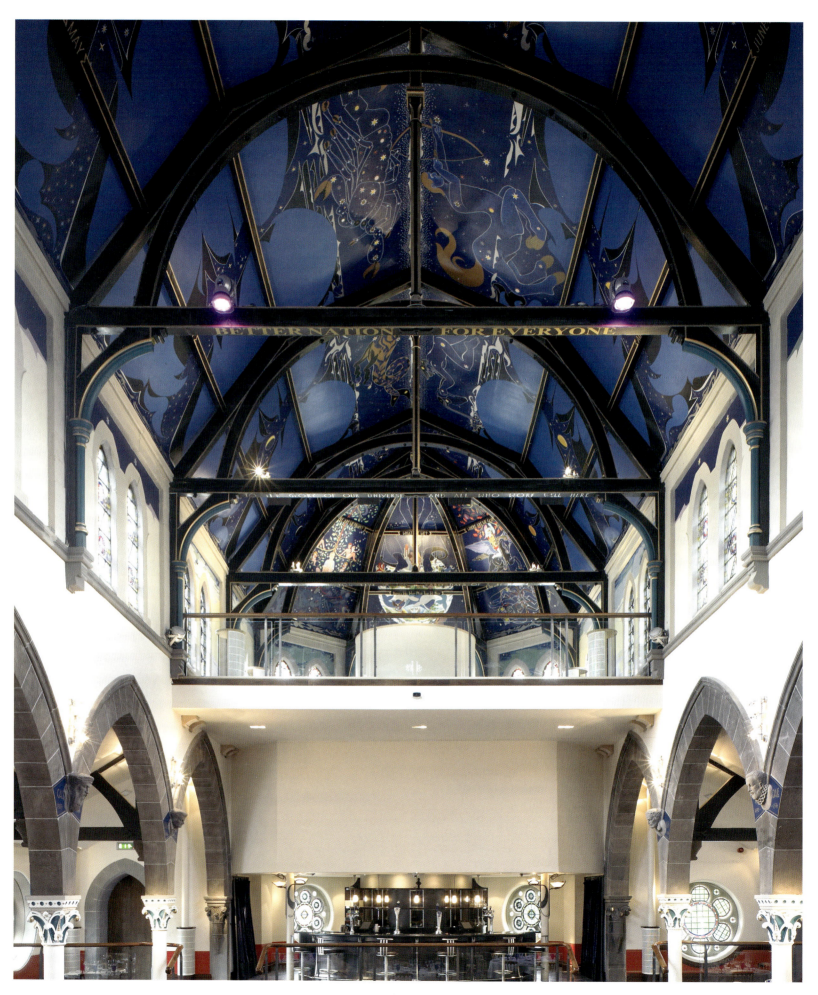

oran mor

CHURCH

Architect: ZM Architecture

Location: Glasgow, United Kingdom

Òran Mór, meaning the 'great melody of life' or 'big song', is a cultural centre and meeting place in the heart of Glasgow's West End. Inside are two bars, two restaurants, a nightclub and stunning private event space available for hire in this converted church, formerly Kelvinside Parish Church. Òran Mór opened its doors in June 2004. Since then it has introduced a varying programme of events including new musical talents, comedy nights and regular club nights. Òran Mór has also successfully hosted a range of private events including product launches, awards' dinners, fashion shows and conferences.

« Òran Mór », qui signifie « grande mélodie de la vie » ou « grande chanson », est un centre culturel se trouvant au cœur des quartiers ouest de Glasgow. Dans cette église reconvertie, anciennement Eglise de la Paroisse de Kelvinside, se trouvent deux bars, deux restaurants, une discothèque et un espace à louer pour des évènements. « Oran Mor » a ouvert ses portes en juin 2004. Depuis, il a programmé une grande variété d'évènements : nouveaux talents musicaux, soirées comédie et nuits de clubbing mais aussi des évènements privés comme des lancements de produits, des remises de prix, des défilés de mode et des conférences.

Òran Mór, wat 'grootse levensmelodie' betekent, of 'groots lied', is een cultureel centrum en een ontmoetingsplaats in het hartje van het West End in Glasgow. In deze verbouwde kerk, de voormalige Kelvinside Parish Church, vind je twee bars, twee restaurants, een nachtclub en een verbluffende ruimte die gehuurd kan worden voor privéfeesten. Óran Mór opende zijn deuren in juni 2004. Sindsdien zijn er veel verschillende evenementen georganiseerd, zoals avonden voor nieuw muzikaal talent, cabaretavonden en dansfestijnen. Ook heeft er een groot aantal privé-evenementen zoals productpresentaties, prijsuitreikingen, modeshows en conferenties plaatsgevonden.

The auditorium is a breathtaking architectural setting for a range of events, from a workshop for 70 people, to a formal banquet of 250. Beneath the celestial ceiling mural by Alasdair Gray, one of Scotland's largest pieces of public art, guests can enjoy the fine food and impeccable service. It is an atmospheric room enhanced by the original pagan style stained glass windows and figure-heads of the reformists.

L'Auditorium possède un cadre architectural époustouflant et peut accueillir un large éventail d'évènements, pouvant aller d'un atelier de travail de 70 personnes à un banquet de cérémonie pour 250 personnes. En dehors de la fresque céleste du plafond peinte par Alasdair Gray, une des plus grandes œuvres d'art publiques d'Ecosse, les visiteurs peuvent profiter d'une nourriture raffinée et d'un service impeccable. C'est un espace possédant une certaine ambiance encore renforcée par les vitraux d'un style païen original, et les portraits des figures de proue du réformisme.

Het auditorium is een adembene-mende omgeving voor evenementen, van een workshop voor zeventig mensen tot een formeel banket met 250 man. Onder een schilderij van de hemel van Alasdair Gray op het plafond, een van de grootste openbare kunstwerken in Schotland, kunnen de gasten genieten van een heerlijk diner en onberispelijke bediening. De sfeervolle ruimte wordt opgesierd door originele gebrandschilderde ramen in niet-godsdienstige stijl en boegbeelden van de reformisten.

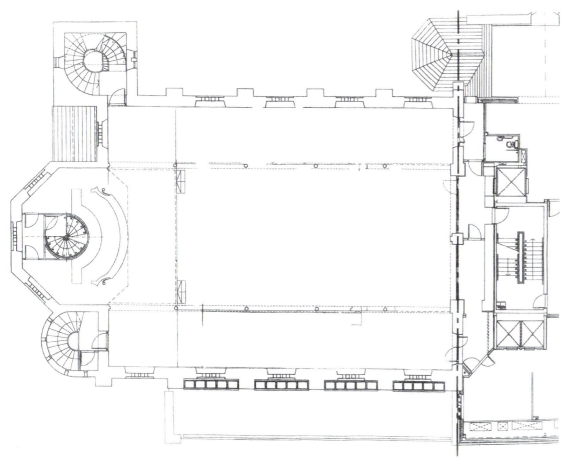

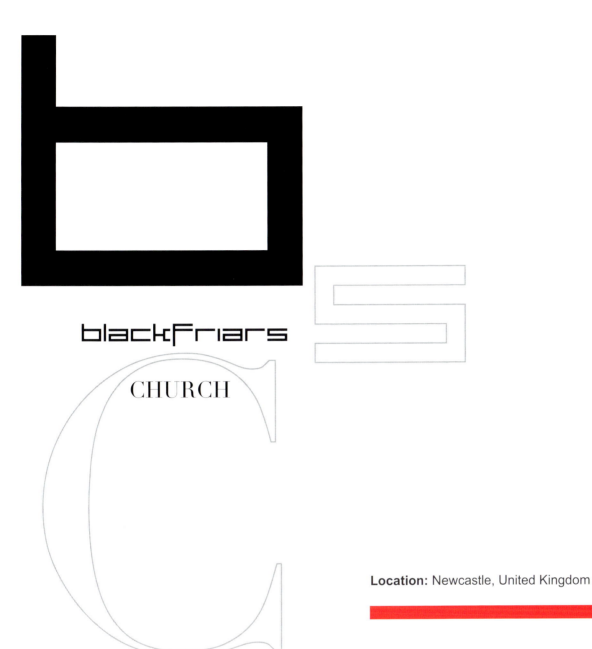

blackfriars

CHURCH

Location: Newcastle, United Kingdom

Dating back to 1239, Blackfriars Restaurant is the oldest purpose-built restaurant in the UK with the main restaurant originally built to house the rectory for the 'Black Friars'. The horseshoe of buildings, which also houses a number of craft shops, provides shelter for the medieval courtyard which is used for al fresco dining in the summer. Today Blackfriars Restaurant is one of the most recognised restaurants in Newcastle. Blackfriars was recently awarded 'Best restaurant in the North East' by readers of *The Observer* in their coveted Food Awards and was also Metro Newspaper's 'Restaurant of the Year.'

Datant de 1239, le Restaurant des Blackfriars (moines dominicains) est le plus ancien restaurant ad hoc du Royaume-Uni, dont la salle principale servait à l'origine de réfectoire. Les bâtiments en fer à cheval abritant des boutiques d'artisanat, fournissent des abris à la cour médiévale pouvant être ainsi utilisée pour des dîners estivaux en plein air. Le « Blackfriars Restaurant » est l'un des restaurants les plus réputés de Newcastle. Nommé « Restaurant de l'année » par le « Metro Newspaper », le « Blackfriars » a récemment reçu le prix convoité du « Meilleur restaurant du Nord-Est » décerné par les lecteurs de « The Observer » lors des « Food Awards ».

Daterend uit 1239, toen het diende als refter voor de Blackfriars, is het Blackfriars restaurant de oudste eetgelegenheid in Engeland. De in een hoefvorm gelegen gebouwen, waarin ook een aantal ambachtswinkeltjes zijn gevestigd, biedt de middeleeuwse binnenplaats beschutting: hier kan 's zomers worden gedineerd.Tegenwoordig is het Blackfriars restaurant een van de bekendste restaurants van Newcastle. Het werd niet zo lang geleden door de lezers van de Observer gekozen tot het beste restaurant van het Noordoosten. Metro Newspaper prees het restaurant als 'restaurant van het jaar'.

With its origins dating back to 1239 and a long and turbulent history that included a time period as a hostel to accommodate King Henry III, Blackfriars is undeniably unique.

Par ses origines remontant à 1239, et une longue et turbulente histoire, qui inclut une courte période pendant laquelle il fut l'hôtel particulier du roi Henry III, le « Blackfriars » est indéniablement un lieu unique.

Vanwege zijn oorsprong die teruggaat tot 1239 en een lange en turbulente geschiedenis, inclusief een periode waarin het dienst deed als hotel voor koning Henry III, is Blackfriars ontegenzeggelijk uniek.

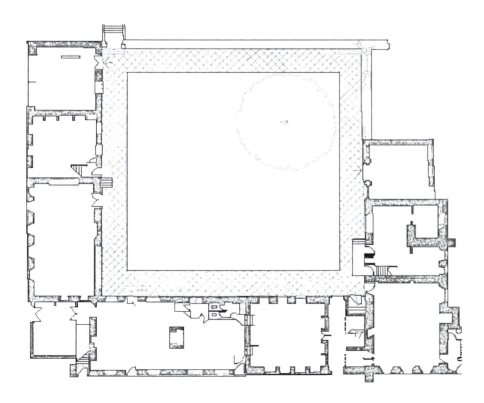

selexyz dominicanen

CHURCH

Architect: Merkx and Girod

Restoration: Satijnplus Restoration architects

Location: Maastricht, Netherlands

Bookshop Selexyz Dominicanen has been restored to its full splendour by the interior design architects Merkx and Girod and with the expertise of Satijnplus Restoration architects. The Dominican church is a Gothic church. After a large renovation and restoration, the church (865 sqm) has been rebuilt to portray its original magnificence. The sacred elements such as the stained-glass windows, frescos, vaults and lighting elements have all been preserved. In order to maintain the view from the summit of the church, a steel acentric 'book tower' with two floors was erected.

L'église où se trouve le « Bookshop Selexyz Dominicanen » fut restaurée grâce aux architectes d'intérieur Merks et Girod, associés aux architectes de Satijnplus. L'église dominicaine est de style gothique. Une longue restauration a permis de reconstruire l'église (865 mètres carrés) afin qu'elle retrouve sa magnificence d'origine. Les éléments religieux, comme les vitraux, les fresques, les tombeaux et l'éclairage ont tous été préservés. Afin de garder la vue depuis le haut de l'église, une « tour à livres » en acier a été édifiée au centre de l'église, sur deux niveaux.

Bookshop Selexyz Dominicanen is door binnenhuisarchitecten Merkx en Girod en met behulp van de vakkennis van Satijnplus Restauratie architecten in oude glorie hersteld. Deze Dominicaanse kerk is gotisch. Na een lange renovatie en restauratieperiode heeft de kerk (865 m²) haar grootsheid van weleer hervonden. Alle religieuze elementen zoals de glas-in-lood ramen, de fresco's, de gewelven en de lichteffecten zijn behouden gebleven. Het uitzicht vanaf het hoogste punt van de kerk is behouden gebleven door de bouw van een twee verdiepingen tellende acentrische boekentoren.

From the second floor the exposed frescos of saints, dating from 1619, are visible in the peak of the roof. Under the supervision of the city's architects, a cellar has been built, making room for technical installations, toilets and storage. The choir, which is now occupied by a lunchroom, has a view of the entire interior.

Depuis le deuxième étage de cette tour, on peut admirer les fresques des saints, datant de 1619. Sous la supervision des architectes de la Ville, un sous-sol fut construit pour abriter les installations techniques, des toilettes et un espace de stockage. Le chœur, qui est maintenant occupé par une cafétéria, possède une belle vue sur l'ensemble de l'intérieur.

Op de tweede verdieping zijn in de punt van het dak de uit 1619 daterende fresco's van heiligen te zien. Onder leiding van de architecten is een kelder gebouwd waar plaats is voor technische installaties, toiletten en een bergruimte. Het koor waar nu een lunchroom is gehuisvest biedt uitzicht op het gehele interieur van het gebouw.

In the future another fresco wall depicting the life of St. Thomas Aquinas (Dominican and philosopher) will be restored.

Prochainement, une autre fresque murale illustrant la vie de Saint Thomas d'Aquin (moine dominicain et philosophe) sera restaurée.

In de toekomst zal nog een fresco worden gerestaureerd waarop het leven van Sint Thomas van Aquino (Dominicaan en filosoof) is uitgebeeld.

The lunchroom is situated in the choir where the walls are used for exhibitions.

La salle à manger est située dans le choeur dont les murs sont utilisés pour les expositions.

De muren van de in het koor gevestigde lunchroom zijn bestemd voor exposities.

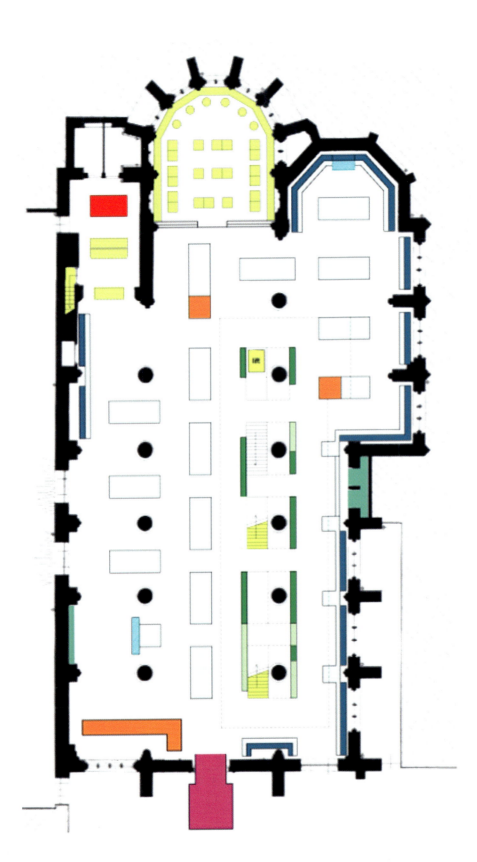

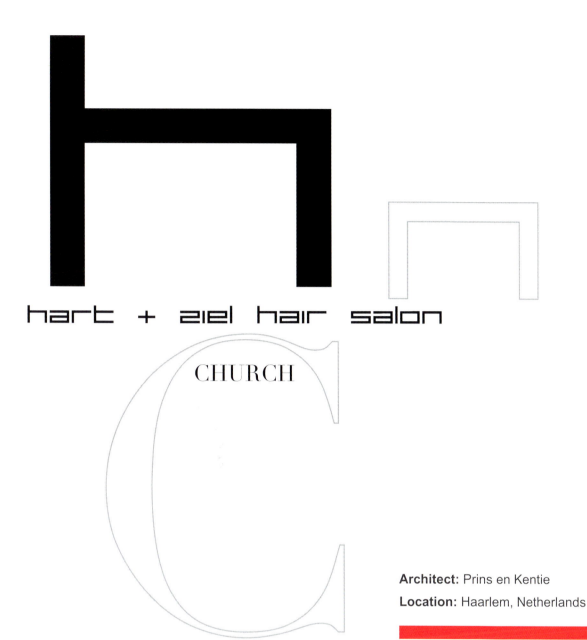

hart + ziel hair salon

CHURCH

Architect: Prins en Kentie

Location: Haarlem, Netherlands

The catholic church in which this hair salon is situated was constructed in 1905. In 1997, Darooy, a private investor with the Bovenlanden investment group, decided to reconstruct the church into apartments as his last project before retirement. He made it very clear that he wanted to keep the outside structure and interior decor intact because the church, which can be seen from every point of the town, has sentimental value to the neighborhood. The cost of the reconstruction was approximately three million euros and was finished a year later.

L'église catholique dans laquelle se trouve ce salon de coiffure a été construite en 1905. En 1997, Darooy, un investisseur privé soutenu par le groupe d'investissements Bovenlanden, a décidé, pour son dernier projet avant retraite, de reconstruire l'église pour la convertir en plusieurs appartements. Il a clairement expliqué qu'il voulait garder la structure extérieure et la décoration intérieure intactes parce que l'église, qui peut être aperçue de n'importe quel point de la ville, possède une valeur sentimentale pour le quartier. La reconstruction, qui a coûté environ trois millions d'euros, a été terminée un an plus tard.

De katholieke kerk waarin deze kapperszaak gevestigd is, stamt uit 1905. In 1997 besloot Darooy, een particuliere investeerder van de Bovenlanden investment group, om de kerk om te bouwen tot een appartementencomplex, als laatste project voordat hij met pensioen zou gaan. Hij wilde de constructie van de buitenkant en het interieur houden zoals ze waren, omdat de kerk te zien is vanuit de hele stad en van nostalgische waarde is voor de hele buurt. De verbouwing kostte ongeveer drie miljoen euro en duurde drie jaar.

The church now contains 86 apartments for foreign students. Jan Dortmundt purchased the chapel of the church which now houses the Helig Hart Kerk Haarlem. The salon opened for business on August 18, 1998.

L'église est maintenant constituée de 86 appartements destinés à des étudiants étrangers. Jan Dortmundt acheta la chapelle de l'église qui abrite actuellement le « Heilig Hart Kerk Haarlem ». Le salon a ouvert ses portes à la clientèle le 18 août 1998.

In de kerk zijn nu 86 appartementen voor buitenlandse studenten gevestigd. Jan Dortmundt kocht de kapel van de kerk, waarin nu de Heilig Hart Kerk Haarlem gevestigd is. Het kapsalon opende op 18 augustus 1998.

abadia retuerta

ABBEY

Architect: Juan Antonio González Calabuig, Isaac Crespo y Grande TRC, S.L, Burckardt+Partner y Marco Serra (Basilea) y Antonio García Paniagua

Location: Sardón de Duero, Spain

The Monastery of Santa María de Retuerta is located on the estate of the Abadía Retuerta winery. The cloister is of great historic interest, given that some of its oldest parts date back to the 12th century. The sobriety of its corridors, covered by harsh primitively ribbed vaults, is in clear contrast with the second volume in the post-Herrerian style. The monastery's main rooms are distributed around the cloister, church, chapter house, sacristy and refectory. Various works have been carried out since 1995 to renovate, restore and pave the building, and at present, plans are being drawn up by the Novartis group to transform it into a luxury hotel complex.

Le Monastère de Santa Maria de Retuerta est situé sur le domaine viticole de l'Abbaye de Retuerta. Le cloître est d'un grand intérêt historique, puisque ses parties les plus anciennes datent du XIIème siècle. La sobriété de ses galeries couvertes à l'origine par de sévères voûtes d'ogives, forme un contraste saisissant avec le second volume de style « post-herrerien ». Les principales salles du monastère sont distribuées autour du cloître : église, salle capitulaire, sacristie et réfectoire. De nombreux travaux ont été menés depuis 1995 afin de restaurer et de daller le bâtiment ; à présent, le groupe Novartis établit des plans pour le transformer en un complexe hôtelier de luxe.

Het klooster van Santa Maria de Retuerta ligt op het landgoed van wijnmakerij Abadia Retuerta. Sommige delen stammen uit de twaalfde eeuw, waardoor het klooster van grote historische waarde is. De sobere gangen, overkoepeld door eenvoudige ribgewelven, staan in schril contrast met het andere deel in post-herrerianische stijl. De belangrijkste ruimtes in het klooster zijn de kerk, de kapittelzaal, de sacristie en de eetzaal. Sinds 1995 zijn er verscheidene werkzaamheden uitgevoerd om het pand te renoveren, restaureren en opnieuw te plaveien. Momenteel heeft de Novartis-groep plannen om van het complex een luxe hotel te maken.

The Abbey is promoting ecotourism by organising visits which combine wine tasting with a guided tour of the vineyards and the Romanesque monastery derived from the Cistercian model and incorporating diverse styles.

L'Abbaye encourage l'écotourisme en organisant des circuits qui combinent dégustation de vins avec visite guidée des vignobles et du monastère roman, dérivé du modèle cistercien et incorporant différents styles.

De abdij stimuleert ecotoerisme door rondleidingen door de wijngaarden te combineren met wijnproeverijen en een bezoek aan het romaanse klooster, dat gebaseerd is op onder andere de cisterciënzer stijl.

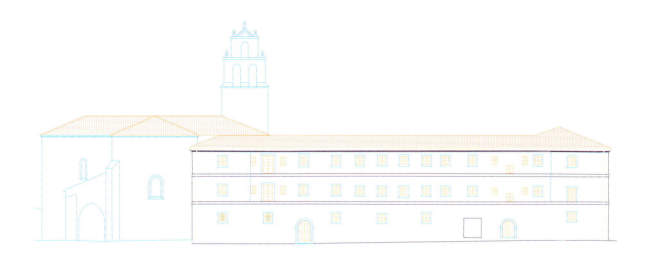

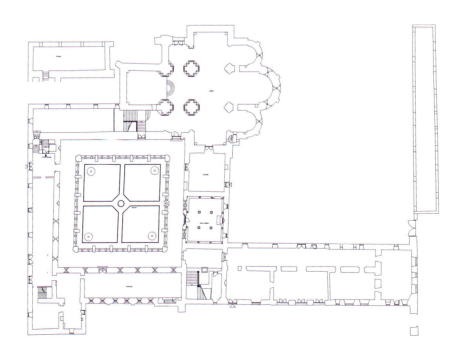

Husa Monasterio Benedictino
Pl. San Benito, 1
50300 Calatayud (Zaragoza), Spain
T. +34 976 89 15 00
monasteriobenedictino@husa.es
www.hotelhusamonasteriobenedictino.com
Gonzalo Urzibu, Spain
Photos: © Husa Monasterio Benedictino

Kruiserenhotel Maastricht
Kruiserengang 19 - 23
6211 NW Maastricht, Netherlands
T. +31 (0) 433 29 20 20
info@kruiserenhotel.com
www.chateauhotels.nl
Hank Vos, Netherlands
info@vosinterieur.nl
www.maupertuus.nl
Photos: © Etienne van Sloun, Kruiserenhotel

Rocamador
Ctra. Nacional Badajoz - Huelva km 41,100
Almendral (Badajoz), Spain
T. +34 924 48 90 00
mail@rocamador.com
www.rocamador.com
Carmen Cienfuegos, Spain
carmencienfuegos@infonegocio.com
T. +34 924 22 29 60
Photos: © Olfo Salvatore Dominguín

Malmaison Glasgow
278 West George St
Glasgow G2 4LL
T. +44 014 15 72 10 00
glasgow@malmaison.com
www.malmaison-glasgow.com
Gordon Ferrier, Scotland
T. +44 01 324 611 969
g.ferrier@edin.3dgroup.co.uk
Photos: © Malmaison

Parador de Santo Domingo
Bernardo de Fresneda
Plaza de San Francisco, 1
26250 Sto. Domingo de la Calzada
(La Rioja), Spain
T. +34 941 34 11 50
bernardodefresneda@parador.es
www.parador.es
Equipo Técnicode Paradores, Spain
Photos: © Paradores de Turismo S.A.

A Luminous Loft
Photos: © Åke E:son Lindman AB
Loft in Amsterdam
George Witteveen, Netherlands
T. +31 206 71 09 02
info@witteveenvisch.nl
www.witteveenvisch.nl
Photos: © Guy Obijn

135 West 4th Street
Flank, New York, US
T. +1 21 23 52 82 24
info@flankonline.com
www.flankonline.com
Photos: © Brooklyn Digital Foundry

Amber Hill
Es Devlin, UK
Photos: © Bruce Hemming

FAD
Plaça dels Àngels, 5-6
08001 Barcelona, Spain
T. +34 934 43 75 20
fad@fadweb.org
www.fadweb.org
Lluís Clotet, Ignacio Paricio, Spain
T. +34 934 853 625
cpa@coac.es
Photos: © Xavier Padrós, Rafael Vargas
and Manel Esclusa

Center for Visual Arts
João Mendes Ribeiro, Portugal
T. +351 239 833 763
joaomendesribeiro@mail.telepac.pt
Photos: © Luis Ferreira Alves, Fernando Guerra

Machmit! Museum für Kinder
Klaus Block
T. +493 085 963 051
office@klausblock.de
www.klausblock.de
Photos: © Ulrich Schwarz

Musée Régional de Rimouski
35 Rue Saint Germain Ouest
Rimouski, Quebec G5L 4B4, Canada
T. +1 41 87 24 22 72
www.museerimouski.qc.ca
Dupuis Le Tourneux
Photos: © Sylvio Gauthier, Michel Laverdière

Carré Sainte Anne
Photos: © Jean-Luc Fournier, François Lagarde

Escuelas Pías
José Ignacio Linazasoro
T. +34 915 61 63 79
arq.linazasoro@telefonica.net
Photos: © Mikel Prieto

Sankt Marien
Klaus Block
T. +49 30 85 96 30 51
office@klausblock.de
www.klausblock.de
Photos: © Ulrich Schwarz

McColl Center
721 North Tryon Street
Charlotte, NC 28202, US
T. +1 70 43 32 55 35
www.mccollcenter.org
FMK Architects, US
T. +1 70 43 75 99 50
info@fmkarchitects.com
www.fmkarchitects.com
Photos: © Mitchell Kearney Photography

Centre Civic Convent de San Agustí
C/Comerç 36
08003 Barcelona, Spain
T. +34 933 10 37 32
conventagusti@transit.es
www.conventagusti.com
Foment de Ciutat Vella, Antoni de Moragas
Photos: © S. García

Artist's Loft
Eric Willadsen, US
T. +14 046 812 819
ericdw@mindspring.com
Photos: © Artwork & Photography,
Eric Willadsen

Residence + Studio
Jaap Dijckman, Netherlands
T. + 31 206 234 875
www.jdarchitecten.nl
info@jdarchitecten.nl
Photos: © Guy Obijn

Saint Martin de Méjan
Photos: © Bruno Nuttens

Michaelhouse
Trinity Street, St. Michael's Church,
Cambridge CB2 1SU, UK
T. +44 012 23 30 91 67
info@michaelhouse.org.uk
www.michaelhouse.org.uk
Shona R.McKay - Archimage Architects
T. +1 3 126 420 619
admin@archimagearchitects.com
www.archimagearchitects.com
Photos: © David Sparrow @ A.D. Photographic

San Agustín
Estudio FAM, Spain
T. +34 913 690 677
correo@estudiofam.com
www.estudiofam.com
Photos: © Estudio FAM

St Paul's Bow
Matthew Lloyd Architects LLP, UK
T. +44 02 076 131 934
mail@matthewlloyd.co.uk
www.matthewlloyd.co.uk
Photos: © Helen Binet

John M.Keating
Junction of Mary St. & Jervis St.
Dublin 1, Ireland
T. +353 0 18 28 01 02
www.jmk.ie
Shaffrey Associates, Ireland
T +353 18 72 56 02
studio@shaffrey.ie
www.shaffrey.ie
Photos: © Vicent Vidal

Paradiso
Weteringschans 6 - 8
1017 SG Amsterdam, Netherlands
info@paradiso.nl
www.paradiso.nl
Studio d'Architectura, Studio AI
T. +31 02 06 22 15 89
info@studio-ai.nl
www.studio-ai.nl
Photos: © Pat Kockelkorn, Jacqueline Gilbert,
Gemeentearchief Amsterdam

Òran Mór
Top of Byres Road
Glasgow G12 8QX, UK
T. +44 014 13 57 62 00
info@oran-mor.co.uk
www.oran-mor.co.uk
ZM Architecture
T. +44 014 15 72 70 01
mail@zmarchitecture.co.uk
www.zmarchitecture.co.uk
Photo: © Andrew Lee

Blackfriars
Friars Street
Newcastle NE1 4XN, UK
T. +44 0 19 12 61 59 45
info@blackfriarsrestaurant.co.uk
www.blackfriarscafebar.co.uk
Photos: © Peter Atkinson

Selexyz Dominicanen
Dominikanerkerkstraat 1
6211 CZ Maastricht, Netherlands
dominicanen@selexyz.nl
www.selexyz.nl
Merkx and Girod, Netherlands
T. +31 205 23 00 52
arch@merkx-girod.nl
www.merkx-girod.nl
Photos: © Etienne van Sloun

Hart & Ziel Hair Salon
Kleverparkweg 15b
2023 CA Haarlem, Netherlands
T. +31 02 35 25 95 80
info@hartenzielkappers.nl
www.hartenzielkappers.nl
Prins en Kentie
T. +31 05 75 50 13 36
Photos: © Photo HBddaz*, Wilco Geursen

Wine cellar Abadía-Retuerta
Carretera Nacional 122, km. 332,5
47340 Sardón de Duero (Valladolid), Spain
T. +34 983 68 03 14
www.abadia-retuerta.com
Juan Antonio González Calabuig
Isaac Crespo y Grande
TRC, S.L
Burckardt+Partner, Marco Serra
y Antonio García Paniagua
Photos: © Abadía Retuerta

Every effort has been made to identify the copyright holders of the images published here.
Errors or omissions reported to the publisher will in all cases be corrected in any subsequent edition.